江苏高校哲学社会科学研究专题项目思政专项

"儒家和谐文化融入高职学校班级管理建设的实践研究"

（课题编号：2019SJB781）

江苏旅游职业学院课题

"社会主义核心价值观在高职数学教学中的践行"

（课题编号：JSLY201901005）

江苏旅游职业学院课题

"儒家和谐文化进思政理论课堂之实践研究——以江苏旅游职业学院为例"

（课题编号：JSLY202002005）

江苏旅游职业学院课题"中国共产党人民情怀的研究"

（课题编号：JSLY202103028）

阶段性成果

LIDE SHUREN BEIJING XIA DE
GAOZHI YUANXIAO SIZHENG JIAOYU
SHIJIAN YU CHUANGXIN

立德树人背景下的
高职院校思政教育实践与创新

顾小萍　著

江苏大学出版社
JIANGSU UNIVERSITY PRESS
镇　江

图书在版编目（CIP）数据

立德树人背景下的高职院校思政教育实践与创新/
顾小萍著. — 镇江：江苏大学出版社，2021.12
ISBN 978-7-5684-1731-0

Ⅰ.①立… Ⅱ.①顾… Ⅲ.①高等职业教育－思想政
治教育－教学研究－中国 Ⅳ.①G711

中国版本图书馆 CIP 数据核字（2021）第 252383 号

立德树人背景下的高职院校思政教育实践与创新
Lide Shuren Beijing Xia de Gaozhi Yuanxiao Sizheng Jiaoyu Shijian yu Chuangxin

著　　者/顾小萍
责任编辑/宋燕敏
出版发行/江苏大学出版社
地　　址/江苏省镇江市梦溪园巷 30 号（邮编：212003）
电　　话/0511-84446464（传真）
网　　址/http：//press.ujs.edu.cn
排　　版/镇江文苑制版印刷有限责任公司
印　　刷/镇江文苑制版印刷有限责任公司
开　　本/890 mm×1 240 mm　1/32
印　　张/5.5
字　　数/161 千字
版　　次/2021 年 12 月第 1 版
印　　次/2021 年 12 月第 1 次印刷
书　　号/ISBN 978-7-5684-1731-0
定　　价/58.00 元

如有印装质量问题请与本社营销部联系（电话：0511-84440882）

前　言

一、本书的研究背景

立德树人关系到党的事业后继有人，关系到国家的前途命运。习近平总书记强调，要坚持把立德树人作为教育的根本任务，不忘初心、牢记使命，为党育人、为国育才，努力培养担当民族复兴大任的时代新人，培养德智体美劳全面发展的社会主义建设者和接班人。教育是立德树人的事业。习近平总书记一贯高度重视培养社会主义建设者和接班人，把立德树人作为教育的中心环节。国无德不兴，人无德不立，德对于国家和个人都有着基础性意义。习近平总书记强调，做人做事第一位的是崇德修身，并对广大师生明确提出"明大德、守公德、严私德"的要求。伟人的民族需要有强大的精神力量支撑，国家的强盛也离不开精神力量的支持。德作为宝贵的精神财富，具有认识、规范、调节等功能。中华民族明德惟馨，不断追求崇高精神境界，能为实现中华民族伟大复兴的中国梦凝聚有力的道德支撑和强大的精神力量。没有良好的道德品质和思想修养，即使有丰富的知识、高深的学问，也难成大器。

党的十八大以来，以习近平同志为核心的党中央高举马克思主义旗帜，致力于推进中华民族伟大复兴，高度重视并加强思想政治教育资源体系建设，形成了推进新时代思想政治工作的一系列新思想新举措。习近平总书记先后主持召开了全国高校思想政治工作会议和学校思想政治理论课教师座谈会并发表重要讲话，为新时代思想政治教育工作提供了根本遵循。中共中央和国务院也印发了《新时代公民道德建设实施纲要》《新时代爱国主义教育实施纲要》《关于新时代加强和改进思想政治工作的意见》等重要文件，进一步把思想政治工作和思想政治教育落到实处。

德育是对学生进行思想、政治、道德、法律和心理健康的教育，与智育、体育、美育等相互关联，彼此渗透，密切协调，对学生健康成长和学校工作具有重要的导向、促进和保障作用。长期以来，我国在理论上和实践上通常将德育与思政教育视为等同的概念或者相互包容、相互交叉的概念，所以在此一并阐述。

笔者通过阅读古今中外部分教育家、哲学家的论著，追溯人文传统，从中得到一些启迪。《论语》中有关道德教育的部分说明我国古代的教育家就十分重视德育对人的发展所起的作用。《小原国芳教育论著选》中"全人教育"的部分也清楚地说明了思政教育与立德树人的相互作用。这类论著对本书的研究有很大的借鉴作用，在此不再一一列举。

对立德树人的实际发展状况进行了解、分析，能够更有针对性地考察适应立德树人要求的思政教育体系的构建。20世纪90年代以来，我国教育经历了一些阶段：从偏重"双基"发展到强调智力，再发展到重视非智力因素，最后发展到立德树人。思政教育体系也随着教育重心的转变而发生变化，建立立德树人背景下的思政教育体系是当务之急。

对已有的研究成果进行思考分析，可发现单独探讨思政教育或单独探讨立德树人的文章和著作很多，但论述思政教育与立德树人关系的文章和著作不多，所以笔者从二者关系入手，对前人的研究进行归纳、总结和评价，探讨立德树人观下的思政教育体系，从立德树人的角度来看思政教育的传统、地位和存在的问题，结合立德树人对思政教育的新要求，试图构建立德树人背景下的思政教育新体系。

二、在立德树人背景下探讨思政教育创新的重要意义

(一) 解决思政教育存在的问题适应立德树人的要求

立德树人观下的思政教育倡导的人文素养和人文传统是什么？思政教育在立德树人观的指导下应该培养什么样的人？追问这些问题，能在一定程度上使思政教育走出以往的困境。了解思政教育的目的，解决思政教育的本质之争，是本研究的目的和意义之一。立德树人背景下的思政教育背后有深厚的人文传统，思政教育应发扬人文精神，关心人，尤其是关心人的精神生活；应尊重人的价值，尤其是尊重人作为精神存在的价值。康德认为，人一方面属于现象界，具有感性，受制于自然法则，追求快乐（幸福）；另一方面属于本体界，具有理性，能够为自己建立道德法则，"人的尊严就在于这个能够作普遍律的立法者的资格"，它证明人是自由的。思政教育的目的是人，而不能把人当作一种工具，要充分关注每个学生的精神和心灵，让他们明白人生意义，发现人生价值。学术界对于"思政教育的本质是什么"一直存在着争论。有的学者认为思政教育就是教给人思想道德规范，让人知道应该做什么、不应该做什么。有的学者认为思政教育是一种陶冶教育，重在感化人的心灵，超越物质主义，在超越性提升中帮助人们找回失落的精神，找回"丢掉了的另一半"，培养出具有完整个性的人，像孔子心目中的"君子"、裴斯泰洛齐眼中的"和谐发展的人"和小原国芳笔下的"全人"等一样的人。

(二) 有助于构建适应立德树人要求的思政教育体系

传统思政教育体系存在一些弊端，如重智轻德、空洞说教、道德灌输和脱离实际生活等，这些造成了思政教育低效和学生品德素质发展不健全等问题，不能适应立德树人注重学生的生活世界和学生主体性的要求，所以有必要建立适应立德树人要求的思政教育新体系。长期以来，学校教育存在重智轻德现象，学生家长与学校普遍关心的是学生的学习成绩，关注知识传授，而没有

真正重视教学生怎样做人。立德树人背景下的思政教育要让学生懂得生活的价值，不能脱离学生的生活世界。以往的思政教育常空洞说教，向学生灌输道德意识，脱离实际生活，所以往往流于形式，学生的品德修养并没有提高多少。有人说应试教育是开展立德树人的绊脚石，那么没有应试压力的高职院校的思政教育开展得如何呢？笔者调查了几所高职院校，发现作为思政教育主要阵地的思政课竟然是学生心目中最不重要的课，思政课上有的人睡觉，有的人写其他科目的作业，大多数学生认为思政课枯燥、没意思。造成这种现象的主要原因是思政教育已与学生的日常生活严重脱节。政治课本上的有些观点已不能紧跟时代步伐，教师常通过说教来灌输思政教育知识，学生也就产生了抵触的心理。由于教育制度的"过滤"作用，思政教育越来越远离学生的日常生活，与学生生活处于隔离状态，这种隔离就导致了杜威所批评的学校教育的"最大浪费"。根据胡塞尔的现象学和哈贝马斯的交往行动理论，应该让受教育者在交往的生活世界里获得思政教育知识并明白生活的意义。道德教育重返生活世界，找回失落的意义与价值，还需将"交互主体观"贯穿于整个教学过程，实现自身的创造性转化；还需将道德教育过程中传统的主体与客体间的权威服从的关系转化为新型的主体与主体间的民主交往关系①。立德树人背景下的思政教育体系应体现师生关系平等，教师应关注每个学生的生活世界，使思政教育生活化，如开设思政教育活动课程，开展班会、文艺演出、体育竞赛等活动。高职院校应与家庭、社会形成思政教育网络，让学生在交往活动中受到熏陶。

（三）可以为现代思政教育改革提供新思路

在立德树人背景下该怎样构建思政教育体系呢？此问题如果

---

① 朱小蔓．道德教育论丛：第1卷[M]．南京：南京师范大学出版社，2000：456．

得到解决，将会为思政教育改革提供新思路和新方向。立德树人要求思政教育注重学生的主体性，发挥学生的思政教育主体作用，促进主体道德品质的自然构建；从封闭的校园走向广阔的社会生活，以体验教育为主，追求道德教育的实效；把道德教育渗透到学生学习和生活的各方面；尊重每个学生的需要和兴趣，使学生的个性得到自由发展。立德树人为思政教育提供了新的视野，在立德树人这个大环境中，思政教育将会有更大的突破。所以，研究立德树人背景下的思政教育是非常有意义的，不论是对立德树人的已有研究还是对思政教育的已有研究，都会是一种突破。

三、本书的创新之处

（一）价值取向的创新

立德树人背景下的思政教育的价值取向与传统思政教育的价值取向是不一样的。不少高职院校的教师认为道德教育就是让学生掌握道德规范，比如理解字面含义、背诵默写道德条文等。这是否就意味着学生成了一个有道德的人呢？无数事实证明这个问题的回答是否定的。把思政教育仅仅看作培养遵守道德规范的人的教育是不符合立德树人要求的。道德应包括两个方面：道是指社会规范，德是指个人品性。所以，道德教育还要发展学生的个性，在学生的生活中进行道德教育，而不是仅仅把道德教育过程当作为了生活而做准备的过程。

（二）思考情境的创新

过去论述思政教育问题时，总是孤立地看待思政教育，并且认为思政教育是政治的工具，思政教育是为了培养维护一定阶级利益的人。孔子虽然注重培养"君子之德"，但君子最终还是为了"从政"，"学而优则仕"，思政教育在一定程度上就成了政治的"附属品"。20世纪50年代末我国提出"三育两有"的教育方针，把思政教育放在社会主义教育方针的首位，但当时只是把思政教育看作政治统治的手段而已，而且是孤立地去看思政教育。今天的思政教育应该在立德树人这个大视野下重新找回它的本质，发现更丰富的价值和意义。

四、本书的主要内容

立德树人背景下的思政教育秉承了我国的优秀传统，如从人格、人性和人伦方面都可以发现我国古代就有论述立德树人与思政教育关系的痕迹；另外它还挖掘了西方的优质资源，如理性的科学精神、信仰教育和自由教育等。自从开展全面发展教育以来，高职院校思政教育就受到了很大的挑战，价值观上更丰富了，实践途径上更新颖了，评价体系上更开放了。高职院校思政教育在立德树人中起着导向的作用，道德素质在人的综合素质中处于首要位置。由于地位如此重要，所以有必要先解决传统思政教育存在的问题。在教学实践中我们发现，高职院校思政教育还存在道德内容与实际生活脱节、道德主体缺失、价值异化等问题，这些都不符合立德树人的要求，所以我们必须解决这些问题以达到立德树人的最终目标。

在立德树人背景下，整个社会对高职院校思政教育提出了新的要求。主体教育观、生活教育观、生命教育观和信仰教育观对思政教育的理念、实践、终极价值和精神境界等方面都有新的诠释，在立德树人大背景下这些新的教育观对思政教育产生了新的影响。立德树人关注的是人这个主体，强调人的整体素质的发展。所以高职院校思政教育也要关注学生的方方面面，使学生的主体地位得以复归，更多地关注学生的日常生活体验，最终追寻思政教育的终极人文价值和精神信仰。

在本书最后，笔者提出立德树人背景下思政教育创新的几点可操作的建议。笔者认为，在思政教育体系中要以课程思政为主要理念，在学科教学过程中渗透思政教育目标，以促进学科教学质量的提升，拓展学科教学的内涵和功能，提倡课程思政；同时，实现新课改提出的在学科教学中关注学生的情感、态度和价值观的重要目标，将成为教育教学改革的方向和趋势。立德树人强调培养学生的实践能力，思政教育也强调道德实践，所以立德树人背景下的思政教育体系要以实践活动为主导形式；新背景下的高职院校思政教育不仅要考虑体系内在的构建，而且要考虑外在的环境因素。高职院校是社区的一部分，社区是思政教育的重要教育环境，立德树人背景下的思政教育要与学生的生活世界相结合，而社区正是生活的一部分，社区思政教育正好适应立德树人的需要。

目　录

第一章　思政教育与立德树人概述

第一节　思政教育与立德树人关系的历史追溯

自古以来，国内外很多学者都研究过思政教育与立德树人的关系，但研究的角度不同：东方学者主要是从人的整体素质来探讨思政教育的；西方的思政教育强调学生的个性，注重人文教育和信仰教育，这些特征都符合立德树人的要求，所以西方虽然没有提到立德树人这一词语，但实际已探讨了二者的关系。

一、东方教育的历史追溯：站在人的角度看思政教育

我国古代有很多教育家探讨过道德教育与立德树人的关系，他们主要从人的整体素质角度来探讨道德教育，认为道德素质是人的素质中重要的一部分。教育的主要任务之一是提高人的道德素质，培养人的健全人格，在我国古代就有不少教育家鲜明地提出了这一观点。宋代哲学家、教育家张载早就说过："为学大益，在自求变化气质。"中国古代的学校教育，从学校形成的时候起，就把培养人的理想人格作为教育活动追求的根本价值目标，亦即站在发展人的整体素质的角度来看思政教育，这便使研究思政教育的视野变得更广阔了。

中华民族的传统道德教育思想对于今天的思政教育建设依然是一笔宝贵的财富。纵观传统道德教育的发展不难发现，"人"作为一条主线索贯穿道德教育的始终。传统教育把"人"作为

道德教育的基点，无论是道德教育的目标、内容，还是道德教育的过程，都离不开"人"。传统道德教育把学生看成独立的人，认为每个学生都是独特的个体，有其差异性和特殊性，也因此注重培养学生的整体素质。这些对于我们今天的思政教育有着重要的借鉴作用，所以研究我国传统的关于"人"的道德教育就显得尤为重要。

1. 追求人格的完整

中国古代的学校教育，从学校形成的时候起，就把培养人的理想人格作为教育活动追求的根本价值目标。儒家提出的"圣人"这一理想人格就是从"人"的角度来阐述的，这跟我们今天谈立德树人在思想上是一致的。中国哲学所理解的理想人格是圣人，那么何者为圣人？圣人一是要有过人的智慧，比如通晓天地万物；二是要有崇高的道德。孔子把传说中的尧、舜、禹塑造为理想的圣人，把他们看得与天同样伟大和崇高。"唯天为大，唯尧则之。"（《论语·泰伯》）在孟子眼里，圣人是伦理道德的化身，"圣人，人伦之至也"（《孟子·离娄上》）。由此可见，传统道德教育的理想和目标是"完人"，是站在人的角度看道德教育，这与立德树人是紧密相连的。道德教育就是要使人具有完整的人格，而不是把人看作工具，所以说古代的道德教育是一种"目中有人"的教育。立德树人的目标是教人成"人"，人的本质是人的社会性而不是人的自然性，立德树人的本质就是实现自然人向社会人的转变，从而使人成为真正意义上的人。所以我们今天谈立德树人是有根基、有文化传统的，它源于我国古代关于"人"和"人格"的教育思想。

在中国古代的哲学家和教育家看来，"人"是天地万物中最重要的，只有"人"才能"为天地立心，为生民立命，为往圣继绝学，为万世开太平"（《近思录拾遗》）。人是整个宇宙的中心，一切至善至美的价值理想，尽可以随生命之流动而得到实现。宇宙是道德的领地、人生的园地，人也是道德的中心。所以我们的教育要把人作为主体，重视人的道德主体性，这正是今天的立德树人所要实现的。德育追求"圣人"这种理想人格，从另一方面也说明德育非常重视人的价值。我国古代圣贤孔子早在几千年前就认识到了人的价值。一次，马厩失火，孔子得悉，立即退朝，"曰：'伤人乎？'不问马"（《论语·乡党》）。孔子的这一思想和举动受到许多国内外学者的高度评价，他们认为这是重视"人"的"惊世之言"。由此可见，我国古代的教育家就已经认识到人的重要性，教育者如果心中没有人，就不能达到教育的目的。我们进行教育改革就是要改变那种"心中无人"的教育现象，立德树人要求在思政教育的过程中以人为中心，尊重人的价值和需要。

　　怎样实现德育的理想，把人培养成"圣人"呢？我们发现，古代教育在培养圣人的过程中到处可见"人"的痕迹：为了达到圣人的理想人格，要求学生要追求自我价值的实现。强调自我价值正体现了以人为本的思想，立德树人也要求尊重人、关心人。"二程"在道德教育中反复强调"立志"和"敬""诚"的重要性。在"二程"看来，要达到圣人的理想人格，必须先"立志"，确立远大理想，然后去努力，"趋向"圣人。仅仅"立志"还不够，还要主"敬"，就是"收敛身心"。有了"敬"，还要存"诚"，"诚"即真实、无邪的意思。"二程"强调道德教育中人们以"敬""诚"之心追求理想人格的重要性，强调"立志"的作用，这些都是从"人"这个主体来考虑的，把人看作教育的主体。思政教育就是要发挥人的主体作用，实现人的主体价值，引导学生提高道德修养。在人们追求自我价值的过程中还要激发人的主观能动性。孟子提出的"存心养性"的道德教育思想，强调应激发人的主观能动性，借助理性的反思来提高人的道德境界。孟子主张性善论，认为人心本善。那怎样使人心保持善良呢？一是"求放心"，把忘掉、失去的善性、良心找回来；二是"思则得之"，即通过内心理性的自我认识来保持人的善良之心。这两点都需要人自己去寻找、自己去感悟。存在于人内心的良心、善心，要靠人发挥理性思考作用才能得到。明代著名教育家王阳明提出"立志成圣"，他所谓的"立志"是要自发成圣，"须是自家调停斟酌，他人总难与力"（《传习录·中》）。每个人要结合自己的个性来成就自己。思政教育要注重人的主体地位，要因人而异，对不同的人提出不同的要求，要求不能整齐划一。思政教育只有以人为本，才能造就完整的人。关注人的主体性也是立德树人所企求的，所以追求人格的完整是思政教育与立德树人共同的目标。

中国传统道德所强调的"圣贤人格"坚持了以人为中心的根本原则，没有把人的生命、社会的命运交予宗教或科学去决定，而是完全相信自己——事在人为。儒家的人格理想是做圣人，然而在现实生活中，圣人却少得很，这就会导致道德走向理想主义。我国学者金生鈜将这一现象视为"道德乌托邦"，它预想了理想社会的道德规范，树立了理想的道德人格偶像，创造了道德信条口号，采取了相应的道德判断与道德奖惩的措施，这给我们现代的思政教育带来一定的负面影响。现在一些高职院校追求"高、大、全"的思政教育目标，不切实际地提出道德理想，是需要反思和改变的。

2. 注重人伦的升华

我国传统道德教育是以人伦为主要内容的，人伦是中国古代对人与人之间基本的道德关系及其相应的道德规范的总称，即人际伦常的规定。以构筑大同世界为历史使命的儒家，将培养善于与人和谐相处的人作为完成使命的基点①。由此可见，我国古代的思政教育以人伦教化为己任，一开始就以人际的伦常关系来确立其教育的功能和目标。从孔子的教人以文、行、忠、信，到孟

---

① 甘剑梅．论儒学教育人文传统的当代意义［J］．内江师范学院学报，2001（1）：38-43.

子的"学则三代共之，皆所以明人伦也"(《孟子·滕文公上》)，以至朱熹的"先王之学，以明人伦为本"，都明确地表达了这一追求，并逐步形成了关注人性和培养人的社会责任感的人伦教育传统。人性和人的社会责任感都是从人的角度出发的，强调发展人的整体素质。注重培养人的社会责任感也是立德树人的一部分内容。立德树人除关注个人的素质发展以外，还注重培养人的情感，而社会责任感就是人的情感之一。

中国古代教育家提出的人伦关系对于今天的思政教育改革有很多可借鉴之处。他们提出通过人文知识的传播和人文思想的教化，引导学生尊德性而道学问，致广大而尽精微，修身成人、治国平天下；将培养奉行忠恕之道、重仁、爱人的君子作为其教育的根本任务，将培养"穷则独善其身，达则兼济天下"(《孟子·尽心上》)，能"为天地立心，为生民立命，为往圣继绝学，为万世开太平"的具有高度使命感与责任感的圣人作为其最高理想。他们认为人只有以礼与人相交，由己及人而化人，才能成为真正的人，即所谓"克己复礼为仁"(《论语·颜渊》)，"仁也者，人也"(《孟子·尽心下》)。他们眼中的重仁、爱人的君子是具有完整人格的人，这种君子具备各方面的才能和品质，堪称"完人"，这种人是教育培养的最高理想，也是今天立德树人追求的目标。所以，古代的人伦关系和今天的立德树人背景下的思政教育内容是紧密相连的。

仁爱思想贯穿于人伦关系的始终，"仁"是孔子道德思想的核心，也是他的人伦学说的根本。在人与人的交往关系中要"仁者爱人"，从"仁"出发，由"爱亲"推及"爱人"和"泛爱众"。子曰："弟子入则孝，出则弟，谨而信，泛爱众而亲仁。"(《论语·学而》)"忠恕"是孔子对"爱人"思想的重要阐发。"忠"是指"己欲立而立人，己欲达而达人"(《论语·雍也》)；"恕"是指"己所不欲，勿施于人"(《论语·颜渊》)。孔子的"爱人"思想是建立在人心相通、人欲相近、人格平等、人与人要将心比心这样朴素而重要的基础上的。这也从另外一个角度说明，思政教育要关注人的情感，人与人之间要相互理解、尊重、宽容和友爱。这些都体现了思政教育的人文色彩。强调以人为本，注重培养人与人之间的情感，也是立德树人对思政教育的要求。对于情感的培养，古代教育就开始重视了，所以立德树人强调情感教育是有历史渊源的。我们今天的立德树人思想继承了古代优秀的教育传统，不是现代人凭空杜撰出来的，每一种教育思想都可以在历史中追溯到源头。

仁爱精神是儒家文化的精髓，它包含的内容很丰富。有学者认为，仁爱精神就是对他人的爱心。笔者认为，要成为一个大仁大贤之人，不仅要爱他人，还要对自然、对自己存有仁爱之心。我们根据仁爱的指向对象，拟将高职院校"仁"文化教育内容分为三个方面：一是自我之爱，即对个体自身客观、公正而全面的认知，以及对自身生命和成长的尊重、负责和关怀，帮助学生认识生命、珍惜生命、热爱生命，树立正确的生命价值观。二是他人之爱，即对外在于自我的生命与成长进行客观、公正而全面的认知，并在此基础上对学生予以尊重、关怀和帮助，引导其尊重人、关心人、爱护人、礼待人，树立正确的人际和谐观。三是自然之爱，即开展生态文明教育，教育学生敬畏、关心和尊重自然，对大自然的一草一木充满爱心和同情心。

（1）自我之爱

儒家的"仁"文化提倡爱自己，不仅要爱自己的肉体生命，还要爱自己的精神生命，也就是要实现身心和谐。只有精神生命可以永存。"修齐治平"作为儒家"内圣外王"思想的核心内容，主张修身、齐家、治国、平天下。修身是关键，《大学》对此进行了全面的论述："古之欲明明德于天下者，先治其国；欲治其国者，先齐其家；欲齐其家者，先修其身；欲修其身者，先正其心；欲正其心者，先诚其意；欲诚其意者，先致其知；致知在格物。物格而后知至，知至而后意诚，意诚而后心正，心正而后身修，身修而后家齐，家齐而后国治，国治而后天下平。自天子以至于庶人，壹是皆以修身为本。"修身是通过克己来达到最高的精神境界的觉悟，而不是伪装和压制自己的人性。事实证明，人的欲望可以通过心灵的净化而去除。修身克己，然后才能够谈得上齐家、治国、平天下。儒家提倡的诚意修身、维护仁德、"和为贵"，作为人们提高理性、维护社会秩序的指导思想，对于当今的社会同样有指导作用。由于"先天不足"的原因，高职院校少数学生不同程度地存在着人文知识缺乏、文化素质薄弱、价值观念扭曲、价值取向变形等现象，具体表现为贪玩厌学、玩世不恭、自我约束力差、公德意识淡漠、缺乏远大理想、享乐主义和拜金主义至上、对校园主导文化有一种自然的对立心理等，所有这些都严重阻碍了学生道德人格的健康发展。在个人与社会、个体与群体的关系中，"仁"文化强调人性的升华，强调大公无私，强调每个人应该担负的社会责任，强调社会群体的利益高于一切，个人应当在追求民族、国家的最大利益中实现自我，完善人性，这些有着理想的纠偏作用。高职院校要培养学生树立正确的生命价值观，帮助学生认识生命、珍惜生命、热爱生命。

（2）他人之爱

儒家的"仁"文化提倡爱别人。《论语·颜渊》记载："樊迟问仁。子曰：'爱人。'"《论语·乡党》记载："厩焚。子退朝，曰：'伤人乎？'不问马。"孔子的这两句话，说明儒家的仁爱思想提倡对人要有仁爱之心，而仁爱之心的根本就是以人为本，处理好人与人之间的关系，因此充满了浓厚的人文精神。处理人与人之间关系的目的在于实现和谐。儒家向来注重社会和谐、家庭和谐、群己和谐。儒家的"仁"文化包含很多具体的处理人与人之间关系的内容，比如诚、敬、忠、孝、仁、义、礼、信……孔子提出了类似于"道德金律"的"己所不欲，勿施于人"（《论语·卫灵公》）。人与人之间要相互体谅，凡事如果站在对方的角度进行换位思考，就会懂得相互之间需要帮助与支持，就可以为实现和谐打下基础。在自己和他人的关系中，坚持仁爱原则就是要贯彻"己所不欲，勿施于人"的道德金律，自己不想干的，也不要强求别人去干。现阶段，在我国的高职院校中，个别学生存在反社会人格的倾向，这应该引起我们的高度重视。这些学生行为受原始欲望支配，脾气暴躁，情感冷淡，不诚实，道德意识和社会责任感缺失，对是非善恶缺乏正确判断。儒家的入世观更多地强调做人的社会意识，如对他人的爱心、对家庭和社会的责任感等，这非常有利于强化学生的责任意识，以及养成学生的浩然正气。我们要引导高职院校的学生尊重人、关心人、爱护人、礼待人，使其树立正确的人际和谐观。

（3）自然之爱

儒家"仁"文化提倡爱自然、爱万物，因为人与万物是统一的。儒家这种思想的基础是"天人合一"论。这种思想主张人要认识自然、热爱自然、顺从自然、保护自然，用科学精神去解决人与自然的关系。儒家认识到，人类要爱自己，首先要爱自然万物，因为人与天地万物来自同一本原。儒家认为，万物与人体一样，是充满生机与活力的生命体，不管是至大无外的，还是至小无内的，其间无不流荡着勃勃的生气，充满着无限的生机与活力。儒家对物的态度，是怀着同情心去观照，把物看成人的同类，从而发现人身上所有的东西，所以儒家谋求人与天、社会与自然的统一与融合。儒家的"天人哲学"认为，天与人属于同一世界，天与人是互相对立又互相依存的。爱人类要爱自然，爱自然要注重人与自然的和谐，因此儒家反对掠夺性地开发自然，提倡保护自然、热爱生命。在大自然面前，任何人类中心主义的思想和对自然的无限制榨取、占有或无视动植物存在的行为都是严重的罪过。假如没有了山林、河流、动植物，人类还会存在吗？所以儒家这种人与自然要和谐一致的思想，在今天看来绝不过时，是我们应该时刻牢记在心的。儒家提倡的对天地万物的仁爱之心，是当前接受环保教育的人都易于接受且乐于接受的，因为它天然地符合人类的道德情感。倘能培养起对自然万物的博爱意识，不仅可以有效地保护人类赖以生存的自然环境，也有助于促进人与人之间的友爱，同时能使人从万物的勃勃生机中获得美的享受和道德心的满足。高职院校应适时开展生态文明教育，教育学生敬畏、关心和尊重自然，对大自然的一草一木充满爱心和同情心。儒家文化中的"仁"文化属于我国优秀的传统文化，它所包含的丰富的哲学精神、科学精神和人文精神对高职院校学生的成长有着重要的指导作用。我们的思政教育要结合中华优秀传统文化，以儒家的"仁"文化为切入点。

我国学者王正平认为孔子的"爱人"——"忠恕"思想比基督教的"仁慈"思想具有更深刻、更全面的"仁爱"精神，儒家的人伦思想具有全人类的普遍价值。在整个封建社会里，人伦是一种基本的道德约束工具。教育就是使人了解并维系这种人与人之间的道德关系，从而维护正常的道德秩序。孟子认为教育的目的在于"明人伦"，他说："设为庠序学校以教之。庠者，养也；校者，教也；序者，射也。夏曰校，殷曰序，周曰庠，学则三代共之，皆所以明人伦也。人伦明于上，小民亲于下。"（《孟子·滕文公上》）孟子提出了中国古代学校教育的目的——明人伦。人伦包括五对关系——"父子有亲、君臣有义、夫妇有别、长幼有序、朋友有信"。他建立了一个道德规范体系——"五常"，即仁、义、礼、智、信。"五常"的思政教育思想是使学生学会做人的基本道德规范，这也是立德树人的根本任务，即使人成"人"。学者甘剑梅认为儒家教育的人伦关系"强调教育的根本任务在于教人做人，即必须在'仁'的状态下寻求自身生存的价值和意义。儒家认为人的本质在于人的德性，而人的德性只有在人与人的礼尚交往中才能得到磨砺；认为人只有立足于个体完善，旨归于社会和谐，将各种人伦规范内化并加以践行才能成为真正的人，因而他们特别注重人的社会性的培养"①。古代教育家强调仁、义、礼、智、信这样的人伦关系，是强调了人与人之间的和谐关系，发展了人的社会性，这是我们今天立德树人所提倡的内容，即强调人的地位、人与人的情感关系，使人学会做人。儒家最重要的思想是"仁"，"仁"不仅体现为爱人，还进一步扩展到爱自然界，"仁爱万物"触发了人类对自然界万物的关怀。《周易》把"生生"作为人之"大德"，"天地之大德曰生"。孟子则依照动植物按"时"的变化而生长的规律发表观点："不违农时，谷不可胜食也。"孔子提出"钓而不纲，弋不射宿"，主张要注重动物的永续利用。荀子则更加系统地阐述了依"时"保护自然资源的思想。

古代的人伦思想还以个人道德为实现目的。《大学》提出的"齐家、治国、平天下"是个人完善的最高境界，在这一境界中，人处于核心位置，一切围绕人来展开，这与立德树人的根本思想是密切相关的。齐家是从修身自然引出的，因为修身的主要内容是正确处理人我关系，而齐家无非完善起码的人际关系。齐家是一个施教过程，即成为家庭与家族的楷模，为人效法。所以朱熹说："身修，则家可教矣。孝、弟、慈，所以修身而教于家者也。"（《大学章句》）自身的思想品德得到提高，家庭就可以得到教化；善事父母、服从兄长、爱护子女，应当用这些来修养自身、教育家人。修身、齐家的过程就是处理人我关系和人际关系的过程，这个过程强调了人的地位，追求的是个人道德理想的实现，注重的是个人整体素质的提升。它重复了儒家的一贯主张：教人不过是学在人先、善在人先。所以这种观点具有强烈的人文色彩，它把提高个人的道德修养作为教育的目的，关注的是人的道德发展。这种观点也启发我们在思政教育中将学生看作主

---

① 甘剑梅. 论儒学教育人文传统的当代意义 [J]. 内江师范学院学报，2001 (1)：38-43.

体，传授给他们人伦知识，提升他们个人的道德素养。

3. 重视人性的陶冶

通过教学来陶冶人。古代是把道德教育贯穿到文化知识的学习中的，通过文化知识的传授，让学生懂得道德观念，陶冶德性，教学方法讲究的是陶冶，不是灌输，可见今天的立德树人重新重视陶冶教学法是有历史渊源的。从古代的教学方法和教学成果我们可以看出，通过让学生记背道德条文是很难达到教育效果的。孔子精心为学生编选教材，在教学中，尽力发挥教材对人的道德观念和思想情操的陶冶作用。《诗》教人心意畅达，体切人情；《书》教人通晓历史，明辨是非；《礼》教人知道规范，举止有节；《乐》教人净化心灵，品性善良；《易》教人深察事理，达观为人；《春秋》教人交往得体，行为有原则①。荀子也认为"六艺"各有其教育作用，"故《书》者，政事之纪也；《诗》者，中声之所止也；《礼》者，法之大分，类之纲纪也。故学至乎《礼》而止矣。夫是之谓道德之极。《礼》之敬文也，《乐》之中和也，《诗》《书》之博也，《春秋》之微也，在天地之间者毕矣"（《荀子·劝学》）。孔子和荀子都强调了这六种教材对人的德性的陶冶作用，但他们突出的重点不一样。孔子特别偏重《诗》和《书》，在《论语》中有多处记述，如："子曰：'兴于《诗》，立于礼，成于乐。'"（《论语·泰伯》）"子所雅言，《诗》、《书》、执礼，皆雅言也。"（《论语·述而》）而荀子尤重《礼》，"学至乎《礼》而止矣"。这些教材内容都是根据学生的实际需要而选择的，能够使他们的人格得到升华，而且这些内容是渗透到其他科目中的，通过学科的渗透，使学生在无形中懂得道德观念，而不是像现在有些高职院校那样让学生默背道德行为规范，有的还进行相关科目考试，这便将思政教育教条化了。古代的教材和教学给了我们很多的启示，在教学中应对学生进行

---

① 王正平. 中国传统道德论探微［M］. 上海：上海三联书店，2004：53.

思政教育陶冶，使他们成长为完整的人，德智体美劳全面发展。通过启发式、渗透式思政教育，摆脱教条式教学，这才是立德树人背景下的思政教育应走的路。

教师以人格魅力感化学生。孔子要求教师爱护学生，对学生要充满信心，能客观公正地看待所有学生，特别是那些有特殊经历的学生。如公冶长是曾经坐过监牢的人，但他坐监牢并非因他本人道德品质不好，而是受亲属牵连。因此，孔子认为对他不应存有偏见，而应看他本人的思想表现。孔子对学生的健康也十分关心，冉伯牛患了不治之症，他亲自探望，表示非常惋惜；颜回病逝，他哭得很伤心。这些都表现了他与学生休戚与共的感情。在陶冶教学法中，教师的人格魅力也相当于一部教材，教育的过程就是情感交流的过程，这符合立德树人的要求。孔子也受到学生们的尊敬。在学生们眼里，他人格崇高、学识渊博，他的教导之辞是生活的座右铭，因而他威望极高。颜渊曾由衷地称赞孔子的道德人格："仰之弥高，钻之弥坚。瞻之在前，忽焉在后。夫子循循然善诱人，博我以文，约我以礼，欲罢不能。"孟子叹服孔子："出乎其类，拔乎其萃。"孔子通过自己的人格这个隐性的教育资源，对学生起着"润物细无声"的陶冶作用。这也就获得了教育的双赢，教师爱护学生，学生尊敬教师，师生感情更加真挚。在立德树人背景下实施思政教育的过程中，我们要把学生当成完整的人看待，思政教育的过程就是人与人交流的过程，是心灵碰撞的过程，最后产生共识，使思政教育发挥着潜移默化的作用。

在道德教育中，教师的实际行为更能为学生树立榜样，使学生受到熏陶。荀子的"师贤师"思想是对孔子"择仁而处"思想的发展，认为教师的一言一行对学生的道德品质的形成和发展有着潜移默化的影响，特别是要发挥贤师的行动在道德教育中的表率作用和贤师作为引路人的作用，这也是身教重于言教的体现。所以现代教育认为教师素质的高低是开展立德树人成功与否的关键，如果教师本身的素质不高，那么学生也会受到相应的影

响，因此"贤师"是教育所企求的。王夫之也认为教师要起到
躬身实践道德的榜样作用，做到"明人者先自明"。王夫之极力
主张教师在与学生交往中要以身垂范、为人师表，以自己的模范
行动去影响和熏陶学生，扶正世道人心。他说："师弟子者，以
道相交而为人伦之一。故言必正言，行必正行，教必正教，相扶
以正，义定而情自合。"（《四书训义》卷三十二）教师的"躬
行"是学生的动力与方法，教师的行动起着重要的示范作用。教
师在道德教育中的行动会"随风潜入夜"，给学生留下深刻的印
象，将起到"润物细无声"的作用。在我国传统道德教育中，
人的地位是异常突出的，这种观点重视的是以人感化人，以人的
行动教育人，把人放在主体地位，而不是把学生当作容器。20
世纪出现的"教育双主体理论"就源于此，这一理论认为教师
和学生都是教育的主体。立德树人的过程就是教师主体与学生主
体交往的过程，在交往的过程中，教师这个主体的行动对学生这
个主体起着示范作用，从而使学生的德性发生变化。所以我们今
天强调教师与学生的平等对话关系，强调教育的互动，都可以在
教育史中找到源头。从传统教育思想中我们可以看出古代的陶冶
教学法充满了人文色彩，这是现代教育改革所要继承的，我们的
教育应为人感化人的教育，应是人性化的教育。

二、西方教育的历史追溯：站在理性角度看思政教育

在西方，理性占据着显要的地位，到处都充满了理性的气
息。有人说我国的哲学是道德哲学，西方的哲学则是理性哲学。
可见，在西方古典教育中，贯穿着理性哲学，西方的哲学是站在
理性的角度来看思政教育的。我们发现，西方古典教育提倡以理
性为指导的科学精神，崇尚先于理性的信仰教育，推崇以实践理
性为基础的自由主义。我国的立德树人不仅有自身的思政教育传
统，还吸取了西方的理性思想。立德树人是辩证地继承了我国传
统教育和西方教育的精神而提出的新型教育观，我国的教育资源

和西方的教育资源一个都不能少，都是立德树人需要继承和发扬的内容。

1. 提倡以理性为指导的科学精神

理性是古希腊哲学的特点，强调知识和智慧。苏格拉底认为"美德即知识"，可见理性在西方古典道德教育中占有很重要的地位。后来，苏格拉底的弟子柏拉图将理性思想发扬光大，柏拉图哲学体系中真、善、美与理性的天然合璧成为光照千年的西方哲学的理性之源。"文艺复兴"重新发现了古希腊思想中的理性智慧和人的价值，开启了以经验理性为基础的对自然科学的兴趣。人文主义者将古希腊时期关于人类自身的理性认识纳入新的关于现实人的思考的思想体系中，反对封建王权对个体人性的扼杀，大声疾呼人的自由、人的尊严、人的权利、人的价值和人的解放。人文主义者提倡个性解放、强调以人为本，这些都是立德树人可汲取的宝贵资源。西方谈真、善、美与理性，都是站在人的角度来论述的。真、善、美是人的美好品质，人在思考问题时需要理性，所有这些如果缺少人这个主体都无从谈起。这些人文主义者大力倡导科学理性，大力提倡加强教育，尊重知识，尊重文化，鼓励人们发挥聪明才智，在创造中实现人的价值。西方人文主义的这一思想给我国立德树人背景下的思政教育提供了可借鉴的现代思想智慧。

启蒙思想家从道德伦理方面肯定个人的存在和价值，反对宗教神学把人当作只有原罪的宗教奴婢，他们提出的口号是："我是人，凡是人的一切特性我都具有。"因此，启蒙思想家所主张的理性在本质上又是一种人本主义思想，这种人本主义思想在伦理上反对宗教道德，在现实生活中反对禁欲主义。启蒙运动以"理性时代"之名而自豪，理性也确实没让其信仰者失望。理性主义首先造就了现代科学的基本精神，它崇尚事实，怀疑先知，相信逻辑，排除盲目信仰。这种理性化的思维方式促使了现代自然科学的诞生，科学因此成为理性主义的表征。启蒙运动的理性主义思想认为，科学的目标与人类幸福的目标是一致的，只有控制好自然，使之更符合与满足我们的行动所表明的那些不断增长的需要，人才能创造美好生活①。启蒙运动以张扬理性为根本出发点，以"理性法庭"代替"宗教法庭"，直截了当地宣布了理性主义的进军。启蒙运动提倡的理性科学重视求真精神和批判精神，理性科学的基本特征就是永无止境地探求未知，追求真理。科学本质上不是一经建立便永恒不变的知识体系，而是在不断地批判谬误、破除迷信的斗争中达到对真理更深的认识。在进行道德教育时要突出人的价值，培养学生的求真意识和批判精神，而不是一味地要求学生服从。要培养学生"吾爱吾师，吾更爱真理"的精神，要让他们有为了追求真理不畏权威的学习劲头和勇气。我们现在培养的很多学生"太听话了"，他们把老师说的话奉为"圣旨""真理"，认为老师讲的就是标准答案，不经过自己的理性思考。我们在进行思政教育时，要把科学精神贯彻进去，让学生经过自己的理性思考再得出答案，享受探求真理的过程。立德树人便要求继承并发扬现代科学的基本精神，教导学生通过自己的理性思考去解决问题。西方理性的科学精神丰富了立德树人背景下的思政教育研究。

2. 崇尚先于理性的信仰教育

奥古斯丁曾说过："信仰是先于理性的，道德是信仰的道德，而理性只是确认信仰所相信的，或者判断信仰的德行所做的行动是否符合神圣的律令。所以理性服务于信仰，如果理性的扩展违背信仰，那就会导致人的骄纵之恶，从而背离上帝。"但丁《神曲》里的"Purgotorio"（中文译作"净界"）是人死后的涤罪之所，中世纪时，所有的人死后都要在这里清洗，然后才能升入天堂，上帝挥着理性鞭子，抽打痛苦呻吟的人。著名学者房龙把

---

① 凯蒂·索珀. 人道主义与反人道主义 [M]. 廖申白，杨清荣，译. 北京：华夏出版社，1999：10.

中世纪称为"一座包罗万象的精神和智力的监狱",马克思则称它为"精神动物的王国"。因为理性的异变使上帝拥有了全部理性,而人只配受非理性——"信仰"的支配。不管怎样荒谬的东西,只要是上帝的旨意,人就不得不信仰。"正因为荒谬,所以我才信仰",这是中世纪宗教哲学的格言。虽然在经院哲学内部也有"唯名论"和"唯实论"的争论,从某种角度反射出人类理性之光,但作为意识形态的总体,它们仍然皈依宗教神学,是理性神学的分流。理性神学使中世纪的人的精神家园有了依靠,人的精神不再游离在外,"上帝"就是人的精神皈依,就是人的信仰。

但是随着尼采的一句"上帝死了",无数的人失去了精神依靠。同时,受后现代思潮的影响,又出现了毒品、色情等文明危机,人们精神空虚,没有归属感,也就是出现了有些学者所说的"信仰危机"。人们的精神世界出现种种危机:价值模糊,意义失落,信仰崩溃,精神压抑,心灵空虚。社会和文化转型过程中发生了"价值真空""信仰真空""理想真空",人们在享受经济发展所带来的日益丰富的物质生活的同时,正经历着精神失落的苦痛。尤其是当年轻人从自身经历中获得的认识与社会的公众信仰不相符,甚至发生剧烈冲突时,他们从社会中所接受的信仰就有可能出现危机,并由此感到极大的痛苦。他们在行为上无所适从,在心理上失落无助,人生没有奋斗的方向;他们没有精神支柱,没有崇高理想信念的追求,甚至没有可以信任的朋友。这一切使他们感受到生命质量的下降,产生了强烈的失落感、空虚感、孤独感,严重的甚至会导致人格的分裂。

孙志文曾在《现代人的焦虑和希望》中讨论了"一方面既贪求权力,而另一方面又极其软弱;一方面傲慢,而另一方面又绝望灰心的现代人的真面目"[1],指出现代人已经处于三重疏

---

[1] 孙志文. 现代人的焦虑和希望 [M]. 陈永禹,译. 北京:生活·读书·新知三联书店,1994:82-83.

离——"和自然的疏离""和社会的疏离""和上帝的疏离"之中。那怎样解决这些"危机"，怎样弥补这些"疏离"呢？现代人摆脱伦理与生活的困境和危机的出路只有一条：重新构建属于现代人的精神家园，进而重新审视和构建现代人的德性与德性生活①。所以立德树人提倡信仰教育，让人共建精神家园，让人在人群中不再感到孤独，让人能够有归属感。现代人要通过自己的理性思考找到人生的目标，有信仰才能不迷失人生方向。真正有信仰的人绝不会盲从，而是会通过理性思考来寻求和确立自己的信仰。如古希腊哲学家苏格拉底，他是以不信神的罪名被处死的。他不信神，但不等于他没有信仰。他的信仰是：人生的价值在于爱智慧，用理性省察生活，尤其是道德生活②。我们怎样在现代社会里找到自己的人生目标呢？那只有通过自己的理性判断找到自己的信仰，不能盲从。理性思考是信仰教育中一个必不可少的重要因素，人必须通过自己的理性思考做出理性选择，并对选择的后果承担责任。在这个过程中，人的主体地位得到彰显，人的主体性得以突出。

3. 推崇以实践理性为基础的自由教育

人类理性有两种功能，一是认识功能，一是意志功能。康德称前者为理论理性，称后者为实践理性。在近代哲学中，康德是把实践范畴引入哲学的第一人，不过他所说的实践还只限于伦理学的范围。康德的最终目的是要拯救实践理性的"自由"，只有自由才能使人的道德真正具有纯粹价值，才能拯救利欲熏心的人，才能把道德真正放在脱离经验的、先天的、纯洁的基础上，这就是实践理性的基础。道德教育就是要实现实践理性下的自由，使人不至于在诱惑中迷失自己。理性力量对自然的控制是社

---

① 檀传宝. 信仰教育与道德教育 [M]. 北京：教育科学出版社，1999：29.
② 陶志琼. 新旧之间：教育哲学的嬗变 [M]. 重庆：重庆出版社，2003：194.

会进步的重要途径。

理性在世俗领域恢复了人性的尊严。它以其科学精神破除封建迷信，打碎了中世纪宗教的神圣光圈，从而使人性高于神性，让人以平常心对待正常欲望和需求，证明了世俗化生活方式的合理性。在西方，理性主义真正兴起于文艺复兴以后，经历启蒙运动而发展壮大。崇尚理性就意味着崇尚人性，就意味着人的主体地位的确立。理性精神的张扬意味着"人"的张扬，正是因为人有理性，所以应该被合理对待。西方的理性主义十分关注人的主体地位，所以西方教育注重人的主体性是有历史传统的。我们今天的立德树人要将这一教育理念的精髓吸收过来，重视人的主体性。

人之为人就在于普遍理性的存在，善的价值要在理性中引出，就必须认识自我，就必须通过理性对善的询问而自我教化，这是实现善的基础，也是道德教育追求善的过程，善是道德教育最终追求的目标。善虽然不可教，但对善的向往和追求是可教化的，对善的认识是可教化的，这种教化就是促成以理性反观自身，以理性思考世界、思考生活。在苏格拉底看来，人的本质是理性，因而人必须理性地回答自己的目的、世界的目的、灵魂的天职等涉及自我与善的问题。人所具有的尊严不是人作为感性存在的尊严，而是人作为自由的理性存在的道德尊严。人凭借纯粹理性的实践性而获得了先验的自由和道德性，人因此在理性面对的世界中成了自己真正的主宰，能够彻底地摆脱"他律"的先验。人对世界的善有追求，对自己的灵魂有改善，对生活有责任，才能成为一个"自律"的道德主体。立德树人要求高职院校培养学生的自律意识，学生只有自律了才能摆脱他律的束缚，从而自由地、理性地主宰自己的生活并勇敢地承担起生活的责任。教师要以学生为教育的主体，不能一手包办，应弘扬而不是扼杀学生的主体精神，要培养学生自尊、自强、自立的自主精神，以及奋发努力、积极向上的进取精神。

亚里士多德曾说过，一个人过理性的生活，就是过有德性的生活，这是他的真正自主的生活，是追求德性、实现自己的幸福的生活。理性的生活必然是有选择的生活，因为选择必定运用理性的判断。理性是进行选择的基础，我们要教会学生理性地去选择，并对自己选择的结果承担责任。自由主义认为，公民具有理性的道德能力也意味着在其个人生活和社会合作中，他能够为自己所选择的生活目的和道德价值负责；他能够通过符合社会正义的手段追求这些目的，追求自己理性认定的美好生活，并为此而承担责任①。价值澄清学派认为，价值选择必须是理性的，即在理性反思的基础上澄清价值选择的后果。以往我国的道德教育大多是让学生学会服从，以灌输方式为主。灌输从某种程度上可以理解为对学生理性思考与反省能力的压制，致使被灌输的学生不能够独立地思考或自由地选择与决定②。面向 21 世纪的我国高职院校道德教育，其发展的必由之路就是教学生学会选择，这既是时代的要求，也是学生发展的内在要求，是我国开展立德树人教育的目标之一。

三、国内外学者研究成果的启示

立德树人背景下的思政教育体系与传统的思政教育体系有什么不同呢？我们应该怎样对传统思政教育体系进行改革创新呢？前人的研究给了我们很多的启示。

1. 思政教育与立德树人关系的传统研究

有关思政教育与人的整体素质的关系，教育家们认为道德素质从来没有脱离人的整体素质，并作为核心部分存在着。

在我国，儒家推崇的教育目标是"君子"。作为君子，首先

---

① 约翰·罗尔斯. 政治自由主义 [M]. 万俊人，译. 南京：译林出版社，2000.

② 李奉儒. 灌输、情绪主义与道德教育 [J]. 台湾师范大学教育研究所集刊，1996 (37)：171-185.

必须有崇高的道德修养。"质胜文则野，文胜质则史。文质彬彬，然后君子。"孔子所要培养的从政君子是有道德、有文化的人才，既要德才兼备，又要能文能武。教育应当注重人的素质全面发展，不能片面发展。思政教育不是孤立存在的，它是与智育、乐育联系在一起的，但又先于智育、乐育，因为孔子主张"行有余力，则以学文"，首先要做一个品行符合道德标准的社会成员，其次才是学习文化知识。所以在孔子的教育中，道德教育居于首要地位。古代德育不是孤立存在的，它与人的整体德行分不开。前人是把德育放在人的整体教化中来考虑的。

19世纪瑞士著名教育家裴斯泰洛齐认为，道德教育是"整个教育体系的关键问题"，在培养全面发展的"完善的人"中处于中心地位。裴斯泰洛齐一方面强调德育的核心地位，另一方面说明了德育与人的整体素质的关系。德育与立德树人是联系在一起的，不是就德育来论德育。公民教育的目的是使人摆脱道德和智慧的贫困，实现德、智、体的和谐发展，从而达到消除贫困、改造社会的目的。一个有道德的公民才是一个"真正"的人或全面发展的人。所以说思政教育在立德树人中起统帅作用，立德树人背景下的思政教育应注重人的和谐发展，协调好与智育、体育、美育、劳动技术教育的关系。

其他学者也提出了相似的观点，如日本著名教育思想家小原国芳提出的"全人教育"，就主张培养多方面和谐发展的人，这些方面包括学问、道德、艺术、宗教、身体和生活，相对应的就是真、善、美、圣、健和富，这六个方面的价值是密不可分的①。这说明思政教育不是孤立存在的，它与立德树人中的其他部分紧密相连、互相促进。高职院校的全部工作都应该包含思政教育因素，思政教育应该像一根主导红线一样贯穿于智育、体育、美育和劳动技术教育之中。所以，立德树人背景下的思政教

① 袁锐锷. 外国教育史新编 [M]. 广州：广东高等教育出版社，2002：271.

育是独立而不是孤立的，不能就思政教育而论思政教育，要在大
视野下看思政教育，要看到思政教育的外部关系。

2. 现代教育研究对立德树人背景下的思政教育创新的启示

已有研究认为，现代思政教育已摆脱传统的灌输方式，开始
体现立德树人对道德的理解和要求，从立德树人的立场来看道
德，对道德及思政教育的理解与以往不同了。如王啸、鲁洁在
《德育理论：走向科学化和人性化的整合》一文中指出，灌输一
直是道德教育中的最大痼疾。真正的道德教育是充满人性的教
育。立德树人背景下的思政教育不能采用灌输法，要用自由教
育。道德不是单纯地要求学生听话、懂得规范，道德教育也不是
单纯地要求学生服从，而是强调主动思考、判断，注重学生的主
体性，这才符合立德树人的要求。

立德树人背景下的思政教育要吸收全世界先进的理论，强调
教育的开放性。20 世纪上半叶，现代教育学派代表人物杜威提
出的观点有很大的理论意义，为进一步研究本论题提供了可借鉴
的成果。他提出了"教育即生长""教育即经验的改造""教育
即生活""学校即社会"等观点。他极力反对"传统教育"以生
硬的方式传授知识，认为"传统教育"脱离实际生活。杜威的
教育思想在今天仍有重大的积极意义，这些理论是研究思政教育
的另一个切入点。对思政教育体系本身的构建的研究已趋于完
整，但这些理论只是就思政教育而论思政教育，没有把思政教育
放在立德树人的视野下来看待。思政教育不是孤立的，同时立德
树人也不是孤立的。如何将思政教育与立德树人融为一体，形成
一体化？这个问题是超越已有研究的地方。

立德树人要求学生的个性能够得到自由发展，作为立德树人
的一部分的思政教育更应该注重学生的个性。如何使学生的个性
得到自由发展是一个重要的问题。古今中外很多学者都十分注重
思政教育个性化，尊重人的个性发展。明代思想家、教育家王阳
明主张让儿童自由发展，反对对他们"鞭挞绳缚，若待拘囚"，

主张"圣人教人,不是个束缚他通做一般,只如狂者便从狂处成就他,狷者便从狷处成就他"。由此可见,尊重每一个学生,让他们发展自己的个性是儒家的教育思想之一。西方的道德教育更注重自由发展人的个性。20世纪50年代出现的存在主义德育理论否认任何永恒的普遍的道德价值,认为教育的作用是使学生意识到个人的存在,按照自己的意志自由地选择道德标准,并对自己选择的结果承担责任。存在主义德育理论对今天的我们仍然有一定的启发。长期以来,思政教育的一个重大缺陷就是忽视人的个性发展,忽视人的千姿百态的差异。立德树人视野中的思政教育更应尊重学生的需要、兴趣、创造和自由,通过个性化和社会化、教育和自我教育的统一过程,培养学生的良好个性品质,促进其个性自主和谐地发展。燕国材提出"教育的真谛就是发现人的价值,发挥人的潜能,发展人的个性"。

东西方在培养人的和谐的道德个性的方式上有很大的差异。我国注重道德内修,西方却注重道德外修。中国儒家之道德修养论向内用力的特征十分明显,而且一以贯之。孔子讲克己内省,改过迁善;孟子讲持志养气,反求诸己;朱熹讲存养省察;陆九渊讲切己自反,道不外索①。孟子认为教育的目的就是把已丧失的善端找回来,"学问之道无他,求其放心而已",不是向外开拓进取、征服自然,而是不断地反省、自责或存养、扩充。这种道德内修的思想被宋明理学发展到极端,宋明理学认为道德上的修养功夫不外两个方面:一是"主敬存养",保持善端不失;二是"省过察非",以便把一切违背封建伦理纲常的意念消灭在萌芽之中或已发之后②。这种思想观念对中国人的人格产生了很大的影响,一定程度上导致人的个性得不到自由发展。在西方传统文化中,自由人的培养固然也有"认识你自己"的要求,但主

---

① 杜时忠.人文教育论[M].南京:江苏教育出版社,1999:133.
② 郭齐家.中国教育思想史[M].北京:教育科学出版社,1987:226.

流则是鼓励和提倡对外在世界的认识、改造与征服。在西方思想家的眼里，人之为人最本质的东西就在于人有自由，不受外物和他人的奴役和支配。立德树人背景下的思政教育要融会中西，吸收西方思想中对我国思政教育有用的部分。道德过程应该是学生自由判断的过程，吴康宁在《教会选择：面向 21 世纪的我国学校道德教育的必由之路——基于社会学的反思》一文中指出，"面向 21 世纪的我国学校道德教育的根本转型是教会选择，而不是教会顺从……要将学生视为具有独立人格、自主以至于选择愿望的主体"①。这种尊重个性自由的精神体现在思政教育改革上就是允许和提倡个性化、多样性，培养学生的首创性和主动性，使之生动活泼地得到发展。培养完整的社会公民也是思政教育改革的重要目标。

已有的思政教育研究已接近人的整体发展了，已从注重培养道德规范向发展人的精神转变了，这些研究说明思政教育的目的、价值观改变了，思政教育已开始向立德树人的立场靠近了，这主要是从立德树人的角度来理解道德。道德素质是人的素质的一部分，立德树人赋予了思政教育更开放、更丰富的内容，但依然存在不足，这为笔者拓展该领域提供了很好的视角。笔者主要探讨思政教育在立德树人视野中的改革，以及在立德树人的指导下思政教育应该培养什么样的人。

第二节　立德树人背景下高职院校思政教育的特点

一、德育为首的重要性

1. 有关在立德树人中"德育为首"的评价

从古到今，道德素质在人的综合素质中处于什么样的位置呢？亚里士多德曾指出："教育是培养人的美德的事业。"苏格

---

① 朱小蔓. 道德教育论丛：第 1 卷 [M]. 南京：南京师范大学出版社，2000：93.

拉底也说："知识即美德，学知识即成为美德。"《大学》记载："自天子以至于庶人，壹是皆以修身为本。"宋代司马光曾说过："德者，才之帅也。""君子挟才以为善，小人挟才以为恶。挟才以为善者，善无不至矣；挟才以为恶者，恶亦无不至矣。"古人认为道德素质是首要素质。古代评价一个人是用"德才兼备"来形容的，"德"为先，可见道德素质的重要性。现代学者们又是怎样论述道德素质在人的综合素质中的位置的呢？大多数学者认为在现代教育中道德素质居首要位置。鲁迅认为育人要格外重视对青少年"纯洁高尚的道德"的培养。吴玉章提出的育人目标是"品端学粹"，把道德放在第一位。陶行知激励学生要"千学万学，学做真人"。党和国家领导人也非常重视道德素质的教育。江泽民曾明确指出："思想政治教育，在各级各类学校都要摆在重要地位，任何时候都不能放松和削弱。……要说素质，思想政治素质是最重要的素质。不断增强学生和群众的爱国主义、集体主义、社会主义思想，是素质教育的灵魂。"但是在这个问题上还存在一些争论。有学者认为人的每种素质都很重要，没有什么素质为先、为首要。笔者赞同以道德素质为首的观点。人的基本素质包括思想道德素质、技能素质、知识素质、身体素质和心理素质等多方面，其中，技能素质是本领，知识素质是基础，身体素质和心理素质是本钱，而思想道德素质是根本。如果一个人仅有较高的技能素质和知识素质，缺乏基本的心理素质和思想道德素质，那这个人也不可能成为社会所需要的人才。所以必须坚持以思政教育为首，确立思政教育在立德树人之中的地位，我们的教育才能培养出有道德的高素质的人才。将思政教育放在首要位置反映了道德和知识的关系，德智统一，德为先。

现在一讲立德树人，高职院校内部的一些人往往强调知识素质、技能素质，以及与专业技能相关的基础学科素质，而把道德素质的培养置于形式上重要但具体操作上并不重要的位置。产生这种偏差的主要原因就在于我们的教育观念中长期存在着一种

"泛政治化"倾向，导致无法在摆正德、智、体相互关系的基础上真正认识到道德素质在整个人才培养和人的全面发展中的基础地位。在人的综合素质中，道德素质是最重要的素质，它与知识素质、技能素质、心理素质、身体素质等基本素质的培养共同构成立德树人的有机整体。人的各种素质不是对立的，而是统一的。今后我国的高职院校教育能否适应社会发展的需要，培养出具有创新能力的合格人才，在很大程度上取决于我们能否看到科学背后的道德意义和深刻含义，并能否由此促使培养对象从思想领域接受似乎与自己的专业全然无关的其他营养。

在开展立德树人的过程中，我们必须把道德素质放在首位，要认识到道德素质的分量，它对人的整体素质的提升起着至关重要的作用。一个完整的人要把道德素质、技能素质、知识素质、身体素质和心理素质等有机地结合起来。我们要看到道德素质对人的整体素质的重要作用，人的各种素质是相互渗透的，又是以道德素质为首要因素的。

2. 高职院校思政教育对立德树人的导向作用

道德素质在人的综合素质中占有首要位置，那思政教育在立德树人中又起什么样的作用呢？我国古代就有著作论述了德育在教育中的地位，《大学》开宗明义："大学之道，在明明德，在亲民，在止于至善。"教育的目的在于使人"明明德""亲民"，最终达于"至善"。《中庸》有"天命之谓性，率性之谓道，修道之谓教"之说，"教"即"修道"，重视德育的意向再鲜明不过了。由此可见，思政教育代表了教育的方向，它引导着其他教育的发展。教育改革的关键是思政教育的改革，思政教育改革成功了也就意味着立德树人成功了一半。

立德树人被提出之后，更多的人越来越重视思政教育的作用，认为思政教育在立德树人中起着导向作用。陈桂生在《"德育"在教育中的特殊地位》① 一文中论述了古今中外是怎样重视德育在教育中的特殊地位的。他指出，"每当社会转折关头，德育在教育中的地位问题就凸显出来了"。这说明，在教育改革中德育起着导向作用，它代表了立德树人的方向。思政教育作为立德树人的核心部分，在整个教育中占据主导地位。思政教育为个体提供价值引导。科技的发展使人类的创造能力和毁灭能力同时得到了空前提高，因此，科技的学习和掌握、体能的提高、艺术的创造等都史无前例地面临着一个十分严峻的课题：个人的发展以何种价值为导向？思政教育是解决上述课题的有力武器之一。思政教育为人类的智育、体育、美育、劳育指明了方向。如果我们把培养的人才看作"成品"的话，那么思政教育不好产生的是危险品，智育不好产生的是次品，体育不好产生的是残品，美育不好产生的是副品，劳育不好产生的是样品。次品、残品可以加工改造，危险品则会给社会、国家带来危害。因此，教育应以人为本、以德为本。但也有人反对思政教育在立德树人中起导向作用这样的观点，认为德、智、体、美、劳都很重要，没有在前在后的区别；认为"五育"是并列关系，不存在谁引导谁的关系。笔者赞同思政教育起导向作用这一观点，在立德树人中，思政教育是有价值的，道德有好坏之分，思政教育是立德树人的价值所在，是需要培养的。其他教育是含有技术成分的，有高低之分，如智力方面有智商高低之分，审美方面有审美能力高低之分，这些都是可以提高的。思政教育是在价值上引导其他教育发展的，它为立德树人的发展指明方向。

从思政教育与其他教育之间的关系也可以看出思政教育在立德树人中的地位。德、智、体、美、劳的相互关系是辩证的，它们之间相互渗透构成一个整体。思政教育、智育、体育历来被当

① 陈桂生."德育"在教育中的特殊地位 [J].上海教育科研，2003（4）：23-26.

作教育的基本组成部分。德、智、体、美、劳中，体育是为各育的实施提供身体条件的；智育为各育目标的实现提供必要的科学知识基础和智力基础；劳育促进脑力劳动与体力劳动结合，使学生手脑并用，在理论与实践结合方面有重要作用。思政教育影响其他各育的效果，为人的发展提供动力，缺少思政教育的教育是不完整的教育。思政教育是"五育"之首，它是使学生具有坚定正确的人生方向、具有良好道德品质的教育，居于主导地位，对其他各育起着导向和保证作用。长期以来，严重影响中小学办学指导思想的一个主要问题是"片面追求升学率"的倾向。有些人认为"思政教育是虚的，体育是空的，美育是假的，劳动技术教育是呆的"，只有"智育是硬的"，加上教育内部诸如教育思想、升学考试制度、办学模式、教育结构和评估学校质量标准等方面存在一些问题，便导致了只注重智育而忽视其他各育倾向的产生，甚至把追求升学率作为教育的唯一目标。为了改变这种状况，我们要坚持以思政教育为首、素质为本，由应试教育向立德树人转变。基础教育是为年轻一代未来做人、未来发展、未来成才奠定基础的教育，其教育内容是基础知识、基本观点、基本技能、基本行为规范、基本道德准则和基本学习生活习惯等。因此，必须把思政教育摆在首位，而且要把思政教育内容渗透到其他各育之中，引导学生注重全面发展，提高自身素质。

二、价值观念上的丰富性

立德树人提出的背景是我国由计划经济向市场经济转轨，这使原计划经济模式中社会经济、政治、文化三者之间高度整合的关系受到了极大的冲击，出现了多种经济成分、多种政治因素、多种文化价值趋向并存的局面。现代市场经济的价值指向对传统市场经济既有继承，也有发展。它促进了自我的觉醒，培养了进取的态度，发挥了参与者的能动性，提高了公平和效益意识。与此同时，它也诱发了个体至上的利己主义、功利主义，以及产生了单纯追求金钱和物质价值而忽视社会公平的倾向，从而在客观上导致了社会价值的复杂化和多元化。立德树人产生于这种背景之下，使思政教育的价值观与以往相比转变了很多。过去，我们的教育强调的是绝对的、单一的道德规范与价值标准，不注重学生的差异性，更不用说要培养学生的个性。过分强调共性的发展使高职院校的教育就像工厂的流水线一样标准化、统一化，这样培养的学生并不是适应现代社会发展的有血有肉的人才。我们的社会需要的是人，教育在注重才德培养的同时，也要尊重个性的发展，过于追求共性、忽视个性，不利于社会的进步。

1. 高职院校思政教育转变视角，适应立德树人的要求

立德树人是在社会转型时期提出的，当时我国的经济体制由计划经济向市场经济转变，经济体制的转变影响了社会上层建筑的建设，教育也就受到了冲击，教育观念与传统的教育理念相比发生了很大的变化。作为立德树人之中重要部分的高职院校思政教育也在视野上转变了，这是为了适应自身的变化，立德树人要求思政教育扩大视野，转变思政教育观念。要使思政教育扩大视野，就必须吸收更多有用的理念来充实、丰富思政教育的价值。

应将高职院校思政教育放在立德树人的视野中认识和实践，将其植根于中外优秀文化的深厚沃土中，融会中西、贯通古今。为了适应立德树人的要求，高职院校思政教育要转变视角。詹万生认为，现代高职院校思政教育要继承中国传统思政教育思想和吸收借鉴国外优秀文明成果①。在社会转型期间，我们的高职院校思政教育要不断吸收新的"血液"，眼光要放长远，只要是对我们的思政教育改革有用的思想都可以借鉴。西方的杜威的教育思想、皮亚杰的道德认知发展理论、罗杰斯的人本主义教育理论等教育思想对我国的教育改革都有一定的积极作用，我们可以选

---

① 詹万生. 整体构建德育体系总论［M］. 北京：教育科学出版社，2001：68-78.

择性地吸收和借鉴。

2. 高职院校思政教育内容拓展，回归学生的生活世界

高职院校思政教育价值观的丰富性还体现在思政教育内容的充实上。立德树人背景下的思政教育不再是单一地向学生传授道德规范，而是除了授以基本的道德知识外，还更多地关注学生的日常生活。学生的日常生活是丰富多彩的，所以我们的思政教育内容也应随之拓展。如华东师范大学张华教授在《论道德教育向生活世界的回归》中谈到，道德教育应回归生活世界，应对以往的道德教育只是老师教和学生学的这一模式进行重大的改革①。思政教育在价值观上的丰富性对思政教育的改革有理论指导作用，我们高职院校的思政教育应回归学生的生活，以改变传统的思政教育模式。

传统道德教育在"知识中心主义"的支配下与学生生活发生了脱节，立德树人背景下的思政教育不能脱离生活世界，而要摆脱传统道德教育的单一化的内容，走向更加丰富的世界。项贤明在《回归生活世界的道德教育》一文中指出，传统道德教育就是科学世界里的思政教育，而现代道德教育是生活世界里的思政教育②。立德树人要求思政教育由科学世界转向生活世界，因为高职院校思政教育内容要拓展就必须向生活世界转变。我们只有将思政教育和生活世界相结合，才能使思政教育的丰富性突显出来。

3. 高职院校思政教育丰富价值观的前提下要有普遍统一的价值观

立德树人视野下的思政教育在面对多元文化的冲击时，要追

---

① 朱小蔓. 道德教育论丛：第1卷 [M]. 南京：南京师范大学出版社，2000：444.

② 朱小蔓. 道德教育论丛：第1卷 [M]. 南京：南京师范大学出版社，2000：460-468.

求一种普遍一致的价值。学生在选择道德价值时要以不损害他人幸福为前提，在选择自己认为正确的道德行为时，也要对选择的结果承担责任。教师作为道德教育的引导者，不应强求学生接受特定的价值取向与道德规范。高职院校要有开放包容的教学精神，在实施道德教育的过程中，应当在将既定的道德取向与道德规范明示于学生的同时，也将与之相似、相异乃至相反的各种道德取向与道德规范真实地告诉学生，引导学生自己选择并在实践中感悟，从而发现一种普遍价值。这种普遍的价值就是要个人的幸福与他人的幸福不相冲突，人们拥有这样的共同价值取向才能"相安无事"地生活下去。

国内学者薛晓阳指出，我们的教育要建立生活的共同准则。人类生活在由"他人"构成的世界中，因此必须建立共同的道德准则，这也是德育必须守护道德引导性的根本原因之一①。社会学家迪尔凯姆提出"道德个人主义"的概念，用于批判传统的"孤立性个人主义"，强调在"社会团结"基础上的统一价值观。他明确指出多元社会中共同理想的重要性，这为我们肯定一元价值论提供了理论依据。所以，在现代多元社会中，我们要提供给学生更多的选择，但在选择的时候要以一种普遍的价值观为指导。也就是说，立德树人处于多元社会背景下，高职院校思政教育在强调开放价值观的同时还要注意对普遍价值的追寻，既要有多元的选择，也要有一元的标准。这样，在共同的价值取向指引下，思政教育和立德树人才能和谐发展。

三、实践途径上的新颖性

由于我国高职院校思政教育目标定位曾缺乏层次性、针对性，因此思政教育的方法也相应地出现了单一的灌输模式。普遍

---

① 薛晓阳. 德育文本：问题与品质的追问 [J]. 华东师范大学学报（教育科学版），2002（3）：45-52，83.

的表现是注重道德知识的灌输和行为的机械训练，而忽视学生的道德情感体验，以及对学生道德判断能力、选择能力的培养，方法过于简单。其本质是强调思政教育的社会功能，忽视了学生品德发展上的主体性。我国市场经济的发展、改革开放的深化带来了社会中观念的多元化，这要求学生在多样化的社会生活中必须具有自主的道德判断、道德选择和道德"免疫"能力。但目前我国高职院校的思政教育仍然只限于把社会所要求的品德规范简单地传授给学生，具有明确的规定性和强制性，过分强调服从，从而使学生丧失了品德形成的主体性。

我国高职院校在思政教育过程中，常常提到坚持思政教育的一些行动原则，如晓之以理、动之以情、导之以行等，而在实际教育活动中，往往以"晓之以理"为最根本的做法，即使有时也提到"要以教师的情感来感染学生"等，但实质上也是为使学生最终接受所传授之"理"服务的，这就忽略了学生能动地进行道德判断和道德选择的可能性。著名教育心理学家柯尔伯格经过研究认为，儿童道德判断的发展要经历三个水平，即前习俗水平、习俗水平和后习俗水平，其间又可分为六个阶段。这说明学生的道德接受能力在不同年龄发展阶段具有不同的特点。而我们的教师在进行思政教育时，对小学生和大学生往往采取同样的说教与灌输方式，这是不对的。高职院校的思政教育往往只注重形式化的、外在的道德规范的传授，即使之单一化为"晓之以理"，也不注重"理"在学生道德认知结构中的内化。这些都与立德树人的要求不相符合。所以，开辟新颖的思政教育途径是立德树人背景下亟待解决的问题。

1. 倡导平等的道德价值

只有真正实现平等，人们才能在社会生活中和谐相处，达到实现共同生活的理想。以往，在将道德作为知识和标准答案的高职院校思政教育中很难做到真正的平等，而在立德树人的背景下，学生的主体性愈发突显，平等已成为必然。教师必须从观念上认识平等这一现状，若教师只是口头上承认"平等"，心里却仍将自己放在高学生一等的道德权威位子上，那么道德只可能以知识的形态被灌输，无论其本身是不是社会的"主流价值"。

张晓华认为，只有在平等的关系下，教师才能把学生当作一个独特的个体来看待，教师和学生才能建立起理解和沟通的桥梁①。在新的教育背景下，高职院校思政教育的方法需要更新，平等的道德价值就是一种创新的思政教育理念，它是以承认学生的主体地位为前提的。教师只有在尊重学生主体性的前提下才能平等地对待学生，也只有在这种平等的道德理念下才会尊重每个个体。所以，平等的道德价值和尊重学生的主体性这二者是紧密联系的。我们倡导平等的道德价值，是对学生主体性的肯定，也符合新教育观的要求。

2. 倡导一种开放的道德生活

只有打破各种道德观念、道德立场、道德态度的封闭性，人们才能相互合作、相互包容，达到实现共同生活的理想。开放带来了多元价值，立德树人背景下的高职院校思政教育应该接受开放的理念。高职院校思政教育已不可能在一个相对封闭的环境中给学生灌输一种脱离社会生活实际的思想价值观念，也无法在一种假性单一的社会环境中去构建他们的个性和品格。

詹万生提出，我们应该根据当前社会多样性的客观现实，以及经济全球化的趋势，充分挖掘当前社会现实生活中的各种思政教育资源，让学生在保持与外在环境的密切关系中培养稳定的道德观念②。当前，立德树人面对的是开放的外部环境，有国内的环境，还有国外教育思想的引入，所以要摆脱自我封闭的束缚，

---

① 张晓华. 走向师生平等的学校道德教育 [J]. 青海师范大学民族师范学院学报，2004（1）：27-29.

② 詹万生. 整体构建德育体系总论 [M]. 北京：教育科学出版社，2001：116-117.

促进思政教育观念的更新和发展。

3. 倡导思政教育的对话机制

只有通过对话交流，人们才能更好地相互理解、相互接纳。对话是和平世界的潮流，人与人之间需要对话，思政教育同样也需要对话。教师在失去了道德权威的地位之后，对学生的思政教育已不能用简单的"什么是对的""什么是错的"来规范其道德行为或价值取向，而只能通过对话与学生进行平等交流。与此同时，随着科学技术的发展，以及网络化、信息化社会的到来，对话的方式日益丰富，学生在高职院校之外能充分体会到多种方式交流和多种方式对话的优越性，而且这种交流与对话无不渗透着价值取向。高职院校的生活是社会生活的一部分，对话也应作为立德树人背景下的高职院校思政教育的重要手段。

张晓华认为，高职院校思政教育就是要使教师转变以往的观念，改变"听话教育"的方式，不仅仅要关注学生的普遍性，更要关注学生的个体差异性，从而进行师生之间平等的对话①。现代社会不需要"听话"的人，一味地服从不能适应这个社会的发展要求，我们的教育要顺应时代的变化，要给学生更多的发言权。所以，高职院校思政教育要求教师不能代替学生"讲话"、不能包办教学过程，而应该更多地与学生平等地对话，让学生把新想法讲出来，要讲究教学的互动。这样，我们才能培养出新时代需要的有主见、有想法的人才。

四、评价体系上的开放性

长期以来，我国高职院校在评价学生品德时，在评价内容上对思想政治素质方面是重视的，但忽视对学生的奋斗精神、个人

---

① 张晓华. 走向师生平等的学校道德教育 [J]. 青海师范大学民族师范学院学报，2004（1）：27-29.

义利观、效益观念及法律观念等现代人必备品质的评价。作为社会的一员，个人的道德素质是最基础的，离开了道德素质来谈思想政治素质是空洞的，但一些高职院校的思政教育恰恰忽视了对学生的道德素质的评价和引导，这造成了一些学生在品德考评中是优等而在实际生活中道德品质低下的现象。品德评价在方法上偏重"考核""贴标签"。教师在对学生进行品德评价时，往往注重学期末或毕业时的品德总评，满足于将学生分为上、中、下若干等第，而不注重诊断性、发展性的评价。在这种评价方式的导引下，学生丧失了不断进行品性修养的主动性，而满足于对教师所要求的道德规范的简单的、外在的接受，这便导致了学生品德发展中的"应试"倾向。

过去思政教育的评价方法单一，指标体系过于狭窄，具有工具性。现行的评价方式是一种终结性评价，主要特点是重结果而不重过程，这种评价方式造成学生对思维过程的忽视，遏制了学生创造性思维的发展①。评价单一的原因主要是选拔人才的方式以书面答卷为主，所以很难摆脱应试教育。素质教育要求评价标准多元化，但有应试教育这个"拦路虎"，就很难实实在在开展下去。社会在评价高职院校思政教育工作时也有片面性，往往把外在的、形式化的标准作为考核的依据。如考核一所高职院校出了多少个"文明班级"，而较少考核学生在学校中道德品质修养得到了多少提升；考核一所高职院校出了多少名考试成绩好的学生，而较少关注这些学生是否适应现代社会对他们道德素质的要求。这些都在一定程度上助长了高职院校思政教育工作的功利化倾向。要避免这种功利化倾向，就要进一步重视评价目标的开放和评价主体的开放。

---

① 卢正芝. 学会参与：主体性教育模式研究 [M]. 杭州：浙江大学出版社，2003：28.

1. 评价目标的开放

立德树人提出之前，思政教育评价只有一个目标、一个标准，强调学生的共性，忽视目标以外的其他方面，这种评价是一种单一的、封闭的评价。立德树人提出之后，思政教育评价更强调个性，是一种开放的评价。学生的个性是多元化的，所以思政教育评价也应有多个标准。在当今时代，高职院校思政教育必须关注学生的个性发展，尊重学生的主体性价值，尊重学生的内在需要。"回归学生"应成为当今高职院校思政教育的一个口号。"回归学生"意味着高职院校思政教育不仅仅要把学生作为未来社会的建设者和接班人来培养，更要把学生当成一个个独立的个体来对待，既要关注学生的理想性需要，也要关注学生的现实性需要。

思政教育工作者必须改变"目中无人"的思政教育观念，思政教育只有深入学生的内心，让学生在充分的自我道德体验中发展其在道德判断、道德选择和道德"免疫"方面的自我教育能力，才能称为成功的思政教育。教师应意识到思政教育的主体是学生，思政教育最基本、最重要的任务在于引导学生做一个向"善"的人。思政教育要关注人的个性，在评价一个学生的时候要认识到学生是有个性的人，每个个体都与其他个体不一样。所以，评价体系中对不同的学生要有不同的评价标准，不能一概而论。

2. 评价主体的开放

在"应试"教育中，教育评价活动的主体是高职院校管理者或教育行政部门，这是一种单一性的他人评价，作为评价对象的教师和学生则完全处于被动的地位，没有任何主动选择的余地。立德树人评价的一个重要特点就是评价主体的多元化，即评价主体由单纯的高职院校管理者或教育行政部门转变为同行教师、学生及教师本人。一方面，评价主体的多元化可以从多个方面、多个角度出发对教育活动进行更全面、更客观、更科学的评价；另一方面，原先的评价对象、现在的评价主体——教师和学生，在进行评价的过程中不再处于单纯的被动状态，而是处于主动的积极参与状态，充分体现了他们在教育评价活动中的主体地位。这十分有利于教师、学生不断地对自己的教育活动和学习活动进行反思，对自己的活动进行自我调控、自我修正、自我完善，从而不断提高思政教育的质量和效率。

在"应试"教育中，教育评价注重的往往是区分、甄别和选拔功能，只看教育的结果而不问教育的过程，是一种单纯的结果评价和终结性评价，一般用于对教师的奖惩和选拔学生。立德树人则更加重视思政教育评价的教育性和发展性功能，力图通过过程性评价和形成性评价，及时向教师和学生反馈信息，使他们能够了解自己在教育活动中存在的缺陷和不足，从而促使教师和学生不断地改进、完善自己的教育活动和学习活动，使思政教育活动更好地为学生的发展服务。

第二章 立德树人对高职院校思政教育的要求

第一节 立德树人背景下的高职院校思政教育存在的问题

教育的价值之一在于使学生成为人。叶澜教授认为，把丰富复杂、变动不居的课堂教学过程，简约化为特殊的认识活动，把它从整体的生命活动中抽象隔离出来，是传统课堂教学最根本的缺陷。就我国高职院校思政教育的实践来看，思政教育主要被一种知性论的思政教育范式所统摄，人被淹没在技术理性至上的思维和实践范式中，疏离了人的精神家园和生活世界，遗忘了人的情感，使得人性、人的需要、人的多样性存在等根本问题被忽视或畸形化，缺少应有的生命活力和育人魅力。从一定程度上看，我国部分高职院校思政教育还存在一些问题，主要表现在：思政教育目标"低级化"，思政教育内容"泛化"，思政教育对象"物化"，思政教育方式"单一化"，思政教育状态"分散割裂化""形式化"。

在立德树人大背景下，笔者对当前高职院校思政教育进行分析，发现了一些误区，具体分析如下。

一、关于思政教育内容与实际生活脱节的分析

中华人民共和国成立以来，我们思政教育的内容与青少年的实际生活存在一定的脱节，而且呈现一种动荡和摇摆不定的趋势：从"五爱"教育到"四个观点"教育，再到四项基本原则

教育；改革开放以后进行"有理想、有道德、有文化、有纪律"的"四有"新人教育；现在又进行传统美德教育。正如有的学者所说，高职院校思政教育在某些情况下被当作"救火车"来使用，思政教育工作者成了"消防员"。这种追求思政教育近期效果的短视行为在一定程度上使高职院校思政教育出现走过场的倾向，收不到良好的效果。思政教育不是一蹴而就、立竿见影的，而是一个潜移默化的过程，需要长期的实践才能有一些成效。所以，立德树人背景下的思政教育改革也是一个长期的过程。

另外，现实生活中的现象和书本上的内容也严重脱节。教师在课堂上所讲的思政教育内容与社会现实常常不相符合，现实的社会生活和高职院校教育出现了"两层皮"的现象，这容易使青少年学生产生逆反心理，认为高职院校教育是假的、空的，或高不可攀，或远水解不了近渴。有的高职院校领导和教师也认为"胳膊拧不过大腿""小气候改变不了大气候"，这也会使高职院校的思政教育工作无法落到实处。学者刘志山指出，昔日具有无穷力量的道德榜样在学生心目中不再魅力无穷，甚至变得苍白；即便有的榜样的先进事迹对学生的心灵有所触动，在学生的精神世界中留下了精彩的一刻，一到现实世界中其感染力则消失殆尽①。课堂上的榜样可能只具有课堂魅力，在现实生活中榜样已没有了光环，榜样不再具有真正的示范作用，也没有了说服力。有些学生讨厌思政教育课并不是厌恶思政教育本身，而是认为思政教育课上教师讲的内容和现实生活中的现象不一致、不相符，认为思政教育课是一门虚假的课程。这一问题和立德树人的要求是不相适应的。

现在是知识主义和工具理性的时代，思政教育与生活世界被

① 刘志山. 当前我国高校德育的困境和出路 [J]. 华中师范大学学报（人文社会科学版），2005（3）：136-140.

"无情"地隔离开来,哈贝马斯称之为"生活世界的殖民化"。早在 20 世纪 20 年代,杜威就警告说,专门化的教育(也就是高职院校教育)内在地隐含着脱离生活的可能。最初的教育存在于生活之中,教育与生活是联系在一起的。随着专门化教育的出现,教育从现实的生活中分化出来,教育不是在日常生活中进行,而是在学校中进行。思政教育把原本根源于生活的一些道德规范分离为抽象的规范,如诚实、正直、勇敢、爱国主义等,它们构成了道德修养课的基本体系。在立德树人的背景下,高职院校思政教育的内容要丰富起来,与学生的日常生活相结合,思政教育的内容应涉及学生日常生活经历,比如与同伴怎样相处、与父母怎样交流等,而不是高高在上的一些离日常生活太远的内容。我们要将思政教育内容生活化,将思政教育融入生活。教师应更多地关注学生的生活世界,将思政教育的目标落实到具体的学生个体上,而不是离开学生这个主体谈一些空洞的思政教育内容,那样是达不到育人效果的。

二、关于高职院校思政教育中主体争议的分析

在我国教育界,20 世纪 80 年代以来流行较广、影响较大的是双主体论。双主体论认为教育过程是师生的双边活动,因此教师是主体,学生也是主体,二者构成双主体。我们认为这种看法混淆了主体与作用的界限。在事物的发展过程中,主体起内因的作用,客体起外因的作用,外因是要通过内因起作用的,因此必须强调学生是唯一的主体,这样才能使教师的作用充分地发挥出来。如果忽视学生的主体地位,学生就会紧闭内因的大门,师生处于对抗状态,学生主体不愿接受教师的教育,教师的作用和教育的效果甚至会等于零。学者班华认为,传统思政教育把学生当作"物"对待,当作"可被别人占有的东西",当作国家的"驯

服工具"来培养，当作"道德之洞""美德之袋"进行思政教育注入①。教师没有充分重视思政教育过程中学生的自主建构，也就是没有重视学生的自主性、能动性和超越性。思政教育过分夸大教育者的主导性，忽视了学生在思政教育过程中的主观能动性和主体性地位。一些教师把学生当作纯粹的灌输对象，看不到学生具有自主选择的权利；没有把思政教育视为教育者与受教育者相互影响的过程，而将其理解为教育者的单向活动。这些必然挫伤部分学生的积极性，造成学生的逆反心理，使思政教育长期达不到应有的成效。

目前不少高职院校仍以灌输形式进行思政教育，忽视思政教育过程中学生之间、学生和教师之间的互动，在思政教育过程中存在学生参与少，甚至不参与的现象，过分强调"灌输式"的思政教育方法。"我说你听，我打你通，我令你行"是长期以来一些教师的教学行为模式。思政教育的形式就是教师向学生灌输抽象规范，内容就是列入课程的抽象概念、文字符号，思政教育的过程就是理解这些符号，背诵概念，进行考试。这些是专门化的高职院校教育内在地隐含着的脱离生活的危机。对学生的主体性的否定也就是对学生的生活世界和生活体验的否定。学者刘惊铎指出，学生每天身处生活世界中，却在教师的支配下去记背既定的道德规范条文，遗忘了对生活的生动体验，结果导致学生群落的"幽闭文化""蛋壳文化"现象，学生中出现了精神倦怠、逆反心理以至厌弃生命的现象②。许多学生不是不愿接受思政教育，而是对内容和方式存在排斥心理。我们进行的思政教育改革就是在立德树人背景下找回学生的主体意识，让学生主动参与学习活动。教师在进行教育教学活动

① 班华．德育理念与德育改革：新世纪德育人性化走向［J］．南京师范大学学报（社会科学版），2002（4）：73-80.

② 刘惊铎．体验：道德教育的本体［J］．中国德育，2002（3）：20-21，27.

时要以学生为主体，让他们自主地去发现问题并主动地去寻求解决问题的方法。

三、关于高职院校思政教育价值异化的分析

高职院校思政教育价值异化是指思政教育理论和实践的脱节，也就是言行不一。思政教育中出现最多的问题就是言行不一，表现为说的是一套，做的是一套。道德是协调人与人之间关系的行为规范，在具体的行动中，人们不仅要听其言，而且要观其行。"人而无信，不知其可也"，道德教育就是要培养学生，让学生做到"言必信，行必果"，言之如其所行，行之如其所言。孔子说过，"巧言令色，鲜矣仁"，他要求弟子做到"君子欲讷于言而敏于行"，"君子耻其言而过其行"。而目前道德价值标准存在虚化的现象，造成道德认识和行为的不一致，给青少年思想品德的形成造成了一些消极影响。社会经济结构的转型使人们的价值观念发生了前所未有的重大变化。在新与旧、现代和传统、东方和西方的观念撞击中，人们原有的信念、利益关系、人际关系受到冲击，出现了所谓的"信仰危机"，导致一部分青少年在道德认识上下滑和无所适从。

社会文化环境中还存在不利于青少年思想品德发展的因素。学生在社会中看到的现象与在书本上学习到的知识不一致，这就会使学生产生困惑，再加上社会不良现象的诱惑，一些学生就可能深陷其中。这便会造成有的学生思政教育课的书面成绩优秀，但道德行为却并非同样出色。学者刘志山指出了其中的原因，即学生并没有真正接受高职院校向他们传授的价值观念，即使"接受"也只是知识性地接受，而没有将这些价值观念内化为其内在的价值信念，并转化为道德行为体现于道

德实践之中①。学生的言行不一致，问题在于传统的思政教育方法在"言"与"行"之间简单地找捷径，靠"外化"。而对学生进行思想品德教育，更重要的是"内化"。外化和内化紧密结合，思政教育工作的效能才能提高，其途径是知、情、意、行的高度统一。外化只抓知和行，没有抓住情和意，内化在于情和意，真正提升学生思想品德修养的重点在于情和意。立德树人要求抓人的整体素质，不仅要抓学生的认知，还要培养学生的道德情感和道德行为，将知、情、意、行相结合。

第二节 新教育观下的新思政教育

一、从立德树人看主体教育观对高职院校思政教育的影响

鲁洁教授曾说过：教育虽然存在着一种外部施加影响的过程，但是其主题却应是促进和改善受教育者主体自我建构、自我改建的实践活动的过程②。班华教授也指出："对德育现代化或现代德育的理念，可能有多种理解，我认为其主要特征，就是关怀人、关怀人的德性发展，或者说它的根本精神就是以道德主体（儿童）的德性发展为本，走向主体—发展性的德育。这是现代人的发展和社会发展的要求，是时代的呼唤。"③ 笔者十分赞同以上专家的观点，认为发挥学生的主体性是立德树人观下的新思政教育观之一。

习近平总书记在 2018 年北京大学师生座谈会上指出："培养社会主义建设者和接班人，是我们党的教育方针，是我国各级各类学校的共同使命。""培养什么人、怎样培养人"是中国特色

---

① 刘志山. 当前我国高校德育的困境和出路 [J]. 华中师范大学学报（人文社会科学版），2005（3）：136-140.

② 鲁洁. 教育：人之自我建构的实践活动 [J]. 教育研究，1998（9）：13-18.

③ 班华. 德育理念与德育改革：新世纪德育人性化走向 [J]. 南京师范大学学报（社会科学版），2002（4）：73-80.

社会主义教育事业永恒的命题，更是关系到中华民族伟大复兴、中国特色社会主义事业后继有人的关键所在。正是基于此，党和国家才如此重视高校思想政治理论课质量建设问题。"培养什么人"是一个方向问题，也是一个政治问题。正如习近平总书记所讲："古今中外，每个国家都是按照自己的政治要求来培养人的，世界一流大学都是在服务自己国家发展中成长起来的。我国社会主义教育就是要培养社会主义建设者和接班人。"只有找准了人才培养的目标，高校思想政治理论课的建设才会有方向。因此，如何提升高校思政课教学质量，提高大学生思想政治素养，是摆在当前中国教育面前的重大现实任务。而这里面最为直观的体现就在于高校思政课教学理念的转变。在一段时间的传统思政课教学过程中，思想的教育大多依托于知识的传递，思政课更多凸显为知识的学习而非思想的引领，教学模式也更多地体现为以"教师为主体"的知识讲解，忽视了学生的情感体验与思想交流，没有真正凸显思政课的"思想"引领功能，正是这样才掀起了高校思政课教学质量提升中的教育理念转变的探讨，形成了以"学生为主体"的教育理念。这一转变对思政课教学而言当然具有很积极的现实意义，它能够引领高校思政课教师花费更多的心思来关注自身面对的教学对象，不断更新教学理念，完善知识结构，注重教学方式的改进，关注学生情感体验，这些在一段时间内为思政课教学质量的提升注入了新的活力。但是随着时间的推移，在"学生主体"教育理念践行的过程中，部分教师却出现了一些教学理念和教学方式认知上的偏差，比如为了达到课堂效果，过分注重形式而忽视内容的提升，在看似热闹的课堂教学背后却未真正达到思政课教学思想引领的目标，忘记了思政课的思想引领作用，而这也是现在一直强调思政课质量内涵式提升的原因所在。笔者认为出现这一问题的主要原因就在于部分教师对"学生主体"教学理念的认知出现了一定程度的偏差，"学生主体"并不意味着学生主导，相反在"学生主体"教学理念实践中应当更加重视教师的教学主导性，教师对教学的内容、过程有着更高层次的把控，实现"学生主体"与"教师主导"双向互动，才能为思政课教学质量的提升带来更大的实际效果。

发挥学生的思政教育主体性是现代思政教育发展的必然要求，它体现了现代思政教育的人性化走向，体现了以人为本的现代教育理念，符合立德树人的要求。强调学生在思政教育过程中的主体地位是新教育观下的新思政教育的指导理念。党的十九大提出落实教育立德树人的根本任务，要求我们以学生为主体。下面我们来看一看在这一背景下主体教育观是怎样影响思政教育理念的。

1. 立德树人背景下的教育观的形成：由"无人"向"有人"的转变

以往，高职院校过分强调共性的发展，使高职院校教育就像工厂的流水线一样标准化、统一化。这样，高职院校培养出来的不是适应现代社会发展需要的有血有肉的学生，一些有棱角、不顺从、不听话的学生常常得不到教师的赏识。这些学生可能会被另眼看待，考试时可能会被打低分。这些学生里面本来可能有十分优秀的人才，这样的人才却可能由于管理者的一纸"判决"被扼杀了。有些学生会因此意志消沉、自暴自弃，甚至走上犯罪的道路。这些现象大多是无视学生的主体地位造成的。

学者燕国材认为，要使教师眼中有学生，就要发挥理性的光辉。文艺复兴之后，一批人文主义教育家提倡对人的尊重，反对对神的崇拜，他们要求在教育中贯彻理性原则。理性原则就是要突出人的主体地位，强调人的个人价值。西方教育的"无人"是因为当时的欧洲处于神权统治之下，神是至高无上的，人在神面前毫无价值、毫无地位，所以当时学生是被灌输的对象。很长一段时间以来，教师是整个思政教育过程中的主体，学生只是被动地接受知识，听从教师的安排。教育，从它诞生时起就寄托着人们对它的美好期望：通过教育使个体成为有思想有道德的人！

立德树人背景下，我们更应该反思思政教育怎样发挥学生的主体性。

立德树人背景下的思政教育观要求教师在了解每个学生兴趣爱好、学习能力的基础上，对每个学生采用不同的思政教育方法，学生不同，评价标准也应不一样，体现学生的个性化。学生在思政教育过程中的主体地位由道德的主体性所确定。教师对学生的这一地位必须予以尊重，应当尊重、关心、理解与相信每一个学生。教师应真诚地了解和关心学生，尊重学生的人格，相信学生的能力，激发学生克服困难的勇气，由此赢得学生的尊重，使他们自觉履行教师提出的要求，逐渐形成坚强的意志。学生的主体地位必须加以确立。立德树人的根本任务要求我们在思政教育过程中，必须尊重学生的主体地位。只有尊重学生的主体地位，才会改变过去"无人"的思政教育状况。教学过程在于传播知识并在此基础上进行价值引导。首先，知识储备量决定着课堂教学的基本水准。没有充足的知识储备，光靠各种各样的教学形式，只会让课堂看上去很热闹而已。所以如何储备知识，尤其是储备让学生感兴趣的知识，就显得尤为重要。正所谓备课就是备学生，内容是否符合学生的认知能力、兴趣导向，这是学生是否选择主动接受的前提。其次，要形成良好的师生互动。教学过程不是独角戏，以"塑造人格、培养独立思考能力"为目的的大学课堂更应该创造条件让学生自主学习和思考。教师应该合理引导学生参与课堂教学，只有这样，课堂的教学目的才能实现。如果教师对学生缺乏引导，就很有可能无法形成教育合力，导致课堂看似热闹，实无目的。

思想政治工作是关于人的工作，学校思想政治教育的培养目标是促进人的全面发展，要注重人文关怀。思政教育始终围绕以人为本，服务学生，探索一条以大学生为创新主体的新思路，把尊重大学生的主体地位作为思政教育创新的出发点，有针对性地开展教育工作。大学生自我意识、独立意识强，喜欢发表不同见解，思想政治教育工作要准确把握当代大学生的思想特征。学生的主体性在思政教育中起着十分关键的作用。要激发和培养学生的主体参与意识，教育的过程不能总是教师自说自演，不能错误地把学生放在"观众"的位置上。学生要努力培养自身的创造力和参与意识，成为自我教育的主体，并成为能动的、有创造力的主体。在教育的过程中，学生应被赋予当有的权利，在享有权利过程中，他们的"主人翁"意识会不断增强，他们也会更乐于去承担在教学过程中的义务。

2. 立德树人背景下的学生观的形成：由他律向自律的转变

道德价值的实现一方面靠教育引导和社会环境熏陶，另一方面靠道德主体的自我觉悟、自我修养和自我约束。用康德的话来说，前者是"他律"，而后者是"自律"。道德自律的实质是人自己为自己立法，自己为自己执法，其特征是把服从变为主动，把外在规范转化为内在"良心"，把"我必须如此"的被动性变为"我立意如此"的主动性。因此，对于道德实现来说，"自律"的地位、作用和价值高于"他律"，它是人的主体性在道德上的集中体现。一个能接受道德他律的人就是一个有道德的人，是应该得到肯定的，但必须指出，这种道德水平是低层次的，一个人这样做只是因为这样才不会被谴责，才会被表扬、被奖励，并不是因为他认识到道德规范的合理性，或者说，认识到道德规范是符合社会的利益、人民的利益的。事实上，一个人的道德修养过程总是从他律成分多的阶段逐渐提升到自律成分多的阶段，即从他律阶段提升到自律阶段。立德树人背景下的高职院校思政教育就是要促使学生由"他律"向"自律"转变，由被动地遵守道德规范向主动地约束监督自己转变。

有关这方面的研究也较多，体现了在立德树人背景下主体性教育观对思政教育的影响。那我们为什么要提高学生的自律水平呢？学者燕国材指出，在道德教育中要使学生达到道德自律的水平是十分必要的，因为这种道德自律是德育主体性达到了较高发展水平的表现，加强自律又能促进道德主体性的发展与提高。学者朱炜则认为，从"他律"到"自律"的转变，"不仅仅在于学生的身心获得了更大的空间这一形式上的变化，而且学生作为主体其心理结构的机制被有效地激活，如同打碎了被套在心灵上的枷锁，在积极地与外在环境的互动中，能够在真正自由的意义上主动地对认知和心理图式进行改组，从而有效提升自己的道德水平"[①]。由此可见主体性教育观对高职院校思政教育的影响。我们不是要培养"听话的学生"，而是要培养能自主判断、自主控制、自主践行的自律者。立德树人要求给学生以自主性，让学生主动地发现问题和解决问题，所以高职院校思政教育也应该充分体现学生的主体地位。

在立德树人背景下，教师要让学生主动地参与思政教育活动，培养他们主动学习的习惯，同时思政教育活动要具有开放性，提倡教学民主精神，给学生主动发挥潜能的空间，培养学生的主体精神。具有主体精神的人，是融自尊自强、自信自立、自主自律、协作奉献和开拓创造于一身的人，其精神境界体现的是所有这些品质综合效能的发挥，是教育熏陶和社会作用共同的结晶。在新的背景下，帅生关系是"找—你"关系，是平等、民主的关系，是主体间的关系。只有这样，才能充分培养出学生的主体精神来。

大学生处在心理日渐趋向成熟的时期，他们对许多活动都有很强的好奇心和积极参与的愿望，但主体意识在行为层面的表达能力还不成熟，在参与实践时缺乏科学有效的引导。这就更需要教育者科学地指导大学生，使他们内在的参与愿望转化为外在的参与实践行为，将大学生主体意识的积极能动性转化为自我教育、自我管理、自我提升的强大动力，使他们在参与实践中实现自我的全面发展。

---

① 鲁洁. 德育现代化实践研究［M］. 南京：江苏教育出版社，2003：25.

改进工作方法是思政教育创新的切入点，是否有利于提高大学生综合素质、是否有利于促进大学生思政教育工作全面发展应作为检验教育方法成效的标准和依据。在多元文化的新形势下，大学生的思想活动和行为方式呈现出一些新的特点，意识上混乱和多样，行为上独立和多变，教育工作者应该具体问题具体分析，把当代大学生的新特点作为创新工作方法的突破口。应正视并尊重教育对象思想和行为上的变化，因为不同对象间各个方面的差异大，所以教育工作者要做到在抓重点的同时重全面。在多元文化影响下，一部分大学生不同程度地存在理想信仰迷失、思想意识观念混乱、社会责任感不强、奢侈浪费行为严重、集体主义观念淡化、实践能力较弱等问题，教育工作者要坚持贴近实际、贴近生活、贴近学生的基本原则，积极开展调查，真正深入思想政治教育对象中，及时了解大学生的物质、文化需求。同时，工作方法上要把握五个"新趋向"，即在管理上更加趋向平等，在对象上更加趋向引导，在教育上更加趋向实践，在时间上更加趋向长效，在范围上更加趋向全面。通过切实可行的方法，实现思想政治工作"三个转变"，转变管理说教，转变封闭教学环境，转变狭隘工作方法，最终形成服务为先、文明互通、合理科学的开放式教育教学。

做好思想政治教育工作应当和注重人文关怀相结合。在思想政治教育中坚持"一切为了学生，为了学生的一切"的原则，思想政治工作不能只停留在书本层面或只停留在意识领域的问题上，说到底，教育工作者要深入实际、深入学生，既要关心和关爱学生的生活现实问题，也要努力倾听学生最真实的呼声，努力使思想政治工作体现深厚的人文关怀，最终从情感上赢得学生信任，在日常生活的点点滴滴中做到春风化雨、润物无声。

3. 立德树人背景下的思政教育方式的形成：由传递接受向自主选择的转变

人没有独立自主判断的能力就不能称为"人"，只能是被灌输的"器皿"而已。历史表明，假如教育一味地培养"服从听话"的、没有主见的人，那这个国家也将是没有希望的、危险的。所以，我们的高职院校思政教育必须培养出有活力的人，使学生成为真正意义上的"人"。

"在高职院校里听话，在校外就不那么听话；在老师的眼皮底下听话，远离老师便不那么听话"① 的学生，不是立德树人要培养的学生。立德树人要求发挥学生的主体地位，培养学生独立判断的能力，高职院校思政教育要适应这样的要求，在思政教育活动中不断强调学生的主体地位。

随着教学理念的转变、教学方式的转换，以及新型媒介的运用，课堂教学的形式也正变得丰富和多样。各种教学手段的运用对提升思政课教学质量的确起到了很好的效果，使思政课变得生动有趣，大大活跃了课堂氛围。但是，形式毕竟是载体，如何透过新型媒介让思政课背后的深刻理论真正地入心入脑才是思政课教学的最终目标，这也要求思政课教师在把更多注意力放在教学形式改进的同时加强对知识的深度剖析与挖掘，强化知识呈现的逻辑思考，实现理论与形式的和谐统一，避免出现形式大于内容的问题。思想价值目标的实现是思政课教学中追求的最高目标，只有将理论内化于心、外化于行，才能够达到思想教育的真正目的。它不是简单的说教就可以实现的，需要思政课教师更多地探索思政课理论的内在逻辑性，找到理论证明的合理性，真正实现理论的自觉与彻底，让学生们发自内心地主动接受。要注意的是，方式永远只是教学的辅助手段，真正能说服人的是理论的合理论证。思政课教师应当从思政课思想引领的角度出发，不断提升自身的知识水平、完善自己的知识体系、更新自己的案例展示、改进自身的教学方式，与时俱进，把思政课的理论性、思想性、时效性有机结合起来，以知识为基础，以理论为依据，以思

---

① 鲁洁．德育现代化实践研究［M］．南京：江苏教育出版社，2003：23.

想价值引导为目标，精心设计教学过程，牢牢把握思政课的教学主导性，使学生的学习有着明确的发展目标，努力实现"教"与"学"的过程平衡。

立德树人要求发展学生的主体能力，也就是提高学生的道德判断、道德推理、道德选择和道德践履等方面的能力，激发学生的内在道德需求，引导学生在纷繁复杂的网络文化思潮中增强道德分析、辨别能力与择善而从的能力。为了适应立德树人的要求，高职院校教育的功能不仅仅是使学生掌握更多的知识和技能，更在于培养学生独立自主获取知识的能力，发展学生的主体能力。这种新的思政教育观要求思政教育过程是个体主动对现有价值体系、行为规范和社会现象做出独立思考，在分析、理解的基础上做出选择的过程；是个体根据自身对时代精神和社会需求的理解，超越现代道德体系，探索创造先进道德的过程。这样的思政教育过程即道德个体自主发展的过程，它强调道德主体能力的培养，反对"灌输"式的道德教育。

思想政治教育的环境不应局限于思想政治理论教学的课堂，还应延伸到课外的传播媒介，营造良好的教育环境更有利于师生间的沟通交流、相互促进。要做到课堂上平等互动，网络中文明互动，心理上情感互动。

传统的思政理论课教学以教师单向灌输式的教学为主，整个教学过程成了教师的"一言堂"，学生处于被动的地位，只能单方面接受教师的"灌输"，思想政治教育由此也就由人格培养演变为科学文化知识的传授，不仅不能培养学生的创新能力，反而会禁锢学生的思维，扼杀学生的想象力。良好的教学环境是由师生共同努力形成的。在课堂上，教师采取生动活泼的教学方式，抽象和具体相结合，概念和实例相配合，课堂教学和课外活动相促进，教师和学生互动共发展，学生在愉快的心情中学习，师生相互合作、平等和谐。用先进的科学文化知识武装大学生的头脑，弘扬中华民族优良传统美德，在主旋律教育的基础上开展"平等讨论课堂"教学,最大限度地发挥大学生的主观能动性。

网络媒体为大学生提供了多元化的信息,在拓宽大学生知识视野的同时也拓宽了思想政治教育传播渠道,丰富了大学生的文化头脑,网络生活已成为大学生活的重要组成部分。在网络文化蓬勃发展的今天,传统的思想教育方式出现"效果弱化"趋势,教育者仍以单一正面灌输的形象示人,很难再引导大学生的"思想走向"。只有占领网络思想教育阵地,利用网络平台信息量大、内容丰富、方便快捷、普及范围广等优势进行网络对话,互动交流,才能在多元文化的世界中找到主旋律,这是加强思想政治教育自身建设的一种有效途径。从实践情况来看,要建设思想政治教育网络平台,弘扬社会主义核心价值观,充分发挥网络在思想政治教育上的科学性价值,将主导性价值观渗透到教育的方方面面。网络互动教育模式使思想政治教育由"固定"转向"可变",由"一维"变成"多维",由"单调"换成"多彩"。

面对日益严峻的社会挑战和竞争激烈的就业环境,一些大学生难免产生悲观厌世的情绪。针对大学生的心理问题,教育者要通过互动交流的形式在思想政治教育过程中强化心理健康教育,对学生进行耐心细致的心理辅导,帮助学生学会适当有效地调节自身心理和情绪,学会协调学生与教师之间、学生与学生之间和学生与社会之间的关系;在互动中帮助学生积极建设自我心理疏导机制,保持良好乐观的心态,提高自我抗压能力和心理预警能力,激起奋发进取、自强不息的精神。

小夏(化名),曾为院学生会的一名普通干事,大一刚入学就表现出了极强的能力。小夏交际能力强、人脉资源广,擅长舞蹈并曾多次获奖,大一加入学校文艺队且成为一名骨干。某天,学习部查课发现小夏迟到,告知小夏后,小夏不服,在班里大吵大闹。根据院学习部制定的规则，未提前 10 分钟进班级则视为迟到，但小夏觉得没有到上课时间就不算迟到。由于与学习部沟通无果，小夏一度情绪失控。经调查，小夏平时脾气较大，纪律意识淡薄，多次因考勤问题与他人发生口角。小夏家庭条件一般，平时上课不认真听讲，期末考试成绩仅能维持在及格线水平。该生没有树立明确的学习目标，缺乏学习动力，对未来没有规划。在生活中，小夏特立独行，缺乏责任感，凡事以自我为中心，不顾及他人感受，在班级内部并不受欢迎。平时父母对小夏管教较为严格，由于长期受父母的压制，小夏的性格较为叛逆。

1 案例分析及干预过程

1.1 案例分析

在家庭方面，要在全面了解学生的家庭背景、成长环境及生活习惯等的基础上，有的放矢地对学生开展违纪教育，从根本上解决学生的问题。在学校方面，要进一步了解学生在校期间的表现，通过与该班考勤班长、班长、宿舍长、学生党员和与该生关系较好的学生进行沟通，了解该生在校期间的学习、生活状态。分析发现：小夏的问题首先来源于叛逆的性格和规矩意识的缺乏；其次是因为与班级内部人员关系紧张；最后是因为对学习缺乏主动性。要做好小夏的思想工作，主要要从这三个方面入手。同时，小夏的自尊心较强，对小夏不能一味开展批评教育，以免适得其反。

1.2 案例干预过程

本着解决当前存在的问题、促进学生综合素质全面可持续发展的考虑，结合专业特点和学生实际情况，采取以下干预措施。

1.2.1 情感交流，建立联系

在日常学生管理过程中，辅导员作为学生最亲近、最

信任的人，要多与学生谈心谈话，建立初步联系。小夏这类学生一般自尊心较强、有主见，辅导员在与其交流时要将心比心，多进行情感沟通，扮演好倾听者的角色，少说多听。小夏这类学生一般都有自己的"心事"，要获得他们的信任，就要和他们做朋友，让他们可以敞开心扉倾诉心声。在日常生活中，辅导员要时刻与小夏保持联系，关心关爱他，通过情感交流慢慢拉近彼此之间的距离，建立信任的桥梁。

1.2.2　密切关注，及时反馈

学生的思想是学生成长的根基，思想决定着行为。因此，实时掌握学生的思想动态，做好学生的思想引领工作至关重要。应成立辅导员、班长和宿舍长三级危机干预机制，充分调动学生干部和学生党员的力量，安排学生干部密切关注，及时反馈。要不定期开展谈心谈话活动，通过面对面交流发现小夏存在的问题，有针对性地为他提供指导和帮助。要重点关注小夏的日常学习和生活，定期向班干部、宿舍长和小夏的好友了解情况，侧面了解他的日常学习、生活状态。

1.2.3　帮助指导，确定目标

学生如果没有学习的方向，缺乏学习的目标，就不会有学习的动力，更无法实现个人的全面发展。因此，帮助学生明确学习目标至关重要。应根据小夏的个人兴趣、性格和能力帮助他制订职业生涯规划，尤其是大学期间的学业规划。要为小夏量身订制个人学习计划，列出每日学习清单，督促小夏按照学习清单有计划地学习，提高对学习的重视程度，调动他学习的积极性和主动性，提高学习效率。

1.2.4　心理干预，适当鼓励

及时适当的心理干预对学生的成长成才有着至关重要

的作用。心理干预包括健康促进、预防性干预、心理咨询和心理治疗等。辅导员可以采用健康促进的心理干预方法，引导学生建立良好的行为、思想和生活方式。在日常工作中辅导员要多与小夏积极沟通，传递正能量，通过不断的交流帮助他树立正确的"三观"。辅导员要带领小夏熟悉学生手册的内容，帮他树立规矩意识，改正不规范的行为习惯。辅导员不能一味对小夏实行批评教育，应鼓励他发挥特长，积极参与校园活动，让他了解团队的重要性，改善与班级同学的关系。也可以酌情采用心理咨询的办法进行心理干预，让专业的心理咨询师进行单独干预。

1.2.5 家校合作，完美蜕变

在学生成长过程中，家庭教育和学校教育起到了不同的重要作用，二者只有各司其职，才能更好地促进学生成长成才。要充分发挥家庭教育的作用，推动学生的蜕变。辅导员要与小夏的家长保持联系，了解他在家中的状态，从而进一步认识和分析他存在的问题，找到问题产生的根本原因。同时，辅导员要帮助小夏缓和与家长的紧张关系，引导家长树立正确的教育理念，使家长多关注他、鼓励他，潜移默化地影响他。

1.2.6 持续跟进，评估效果

思想政治教育工作是一项系统工程，不是一蹴而就的，需要保持耐心、持续跟进。教师要做到不忘初心、立德树人，用自己的言行举止感染小夏，使他将日常行为规范内化于心、外化于行，养成良好的学习和生活习惯。对于小夏的成长要适时进行总结归纳和效果评价；通过课上与课下相结合的方式了解他的变化，向班长、宿舍长、学生家长了解他的情况并进行评估，以进一步巩固思想政治教育的效果。

　　2　案例总结和思考

　　该案例表面上是一起学生违纪事件，实质上反映的是学生思想政治教育问题。要解决此类问题，应做到校内和校外相结合、课上和课下相结合，充分调动专业课老师、学生干部的积极性，共同帮助学生实现自身的全面发展。经过一个学期的努力，小夏未再出现迟到旷课等情况，与班级同学的关系也有所改善，学习有了动力，上课状态较好，期末考试成绩由倒数上升到中上水平。要解决学生在日常生活中存在的问题，辅导员不仅要有爱心，带着情感开展思想政治教育，还要根据不同学生的特点开展思想政治教育工作。辅导员在学生管理工作中应善于发现学生的闪光点，循循善诱，帮助学生取长补短，促使他们更好地成长成才。学生管理工作也要做到因材施教，增强学生思想政治教育工作的针对性，提升思政教育的效果，真正达到育人的目的。

二、从立德树人看生活教育观对高职院校思政教育的影响

　　当今时代的发展呼唤"教育回归生活"。面对日新月异的国内发展态势和竞争激烈的国际环境，在新的时代背景下，我国正式启动了新一轮的基础教育课程改革，强调教育应立足于学生的现实生活经验，把理论阐述寓于社会生活之中，让教育回归生活。思政课堂是学生思想政治教育的主阵地，应该首先践行"教育回归生活"理念，在教学中尽可能地从学生的现实生活出发，关注学生的精神世界，让生活成为教育的主旋律，让教育成为生活的有力推手。真正实现思政教育目标需要走进生活。我国对学生的思政教育相当重视，开设了很多思政教育相关课程，投入了大量的人力物力，但是实际效果并不是非常理想，为什么呢？笔者认为，目前的思政教育过于注重书本知识，脱离了学生真实的生活世界。学生的人生观、价值观、道德观尚处于不成熟状态，

但对生活充满了好奇，同时动态的生活又直接影响着学生的思想观念和价值取向。如果思政课堂教学不去关注学生的实际生活，就会让学生在死记硬背、题海训练中慢慢失去学习的兴趣，也就难以实现思政教育目标。促进学生身心健康、全面发展，需要思政课堂生活化。新时代呼唤"会做人、会做事、会生活、会工作、会学习"的新型人才，这就要求教育要面向学生的全面发展。因此，思政课堂教学应从社会生活中取材，从学生关心的热点问题入手。真实的生活情境可以让学生开放思想，敏于思考，畅所欲言，在探讨中释疑解难，也更容易让学生产生灵感，获得创造性的思维成果。思政课堂的生活化，还能让学生在宽松、民主、和谐的氛围中形成良好的心理品质和积极向上的精神状态，更加热爱学习，热爱生活，自觉规范行为，促进自身的全面发展。

生活德育就是德育强调生活，主张德育回归生活。在现代社会里，生活德育有其特别意义，有很多学者做过研究。例如高德胜在《回归生活的德育课程》一文中论述了德育课程回归生活的意义和策略，指出以往的课程和回归生活的课程的区别，从而说明了现在的德育回归生活的必要性①。谢广山在《论德育的分离与回归》中认为，教育从社会生活中的分离和德育从教育整体中的分离是一种历史的进步，但同时又造成了德育的孤立与失落②。让德育回归教育整体，就是要使德育融合在教育全过程之中，以生活为出发点和根本旨归，以对人的精神生命的关怀和促进人的精神生命的自由成长为目的。这些观点认为教育来自生活，反对单纯的理性生活，强调人的日常生活的重要性。立德树人作为教育的根本任务，赋予了生活德育什么新的意义？在此分以下几方面来做叙述。

---

① 高德胜. 回归生活的德育课程 [J]. 课程·教材·教法，2004（11）：39-43.
② 谢广山. 论德育的分离与回归 [J]. 学术交流，2004（4）：163-166.

1. 生活德育在立德树人背景下发生的变化

生活德育是从哲学的角度来论述德育与生活的关系，认为德育也是一种道德生活，要植根于生活之中，而不是脱离生活在知识的"真空"中进行。在立德树人背景下"生活德育"这一概念发生了转变，它是指立德树人下的德育离不开生活。因为立德树人离不开生活，德育作为立德树人的首要部分就更离不开生活了。之所以如此强调这一教育理念，是因为立德树人背景下的生活德育有其重要性。以人为本的德育强调主体性的建构。而德育在本质上是人格的、生命的、完整生活质量的教育，它必须与生活交织在一起。关注学生道德生命自由发展成长的德育必须在生活世界中进行。德育与生活的内在联系，要求德育必须表现出生活的特性。

德育是一种生活。生活是道德生命成长的沃土，德育是生活中道德目标的体现，它塑造的是有德性的生活。德育是为了生活。生活是一个过程，既具有现实性，又具有超越性，德育就是要引导人从当下的现实生活逐渐走向未来的可能生活，这个过程是真、善、美价值的充盈过程。德育从终极意义上来说是为了引领人们开拓、创造新的美好的可能生活，也是为了人的生命的发展，为了让生命在美好生活中绽放光彩。在立德树人背景下，生活德育观应该把人引向丰富的生活世界，引导人去积极建构丰富而完整的生活内容，感悟深奥的生活智慧，追求生活的完整性，使人在完整生活的建构过程中同时获得德性的完满。只有这样，才能真正实现德育的目的。

2. 立德树人背景下生活教育观对思政教育的影响

在立德树人背景下，生活教育观在思政教育中发生了变化，它要求思政教育回归生活世界，也就意味着思政教育的目的和内容应当源于现实生活。思政教育的目标要更贴近生活——真实的生活，人的生活。法国文豪雨果在《悲惨世界》中说："做一个圣人，那是特殊情形，做一个正直的人，那却是为人的常规。"

　　这里的"正直的人"是对生活中每一个普通人的要求。真正富有成效的思政教育必须有它的现实生活根基，必须摒弃"遗忘人的有限性"的"圣人教育"模式。这就要求我们的思政教育要从抽象的道德理想主义的目标回到现实生活中来。也就是说，要使思政教育从培养"道德学家""道德圣贤"这类"崇高"的道德目标回落到培养具有良好品质和健全人格的合格公民这一实实在在的目标上来，使思政教育的目标和内容都能与学生个体的生活实践相联系，从而在思政教育活动中能够充分调动学生个体已有的生活经验，使学生在对自我生活经验的理解、发现的过程中，不仅获得切身性的伦理感受，而且增长道德智慧。

　　人类最早的教育就是通过共同生活的过程来教育自己，而不是被别人教育。今天的立德树人也要求思政教育回归生活，使学生在师生共同的生活交往中受到教育。思政教育回归生活之中，不但要把生活作为其出发地，也作为其归属地，回归生活实际上是思政教育的目标。思政教育的目的同教育的目的一样，是为明天的生活做准备，"准备生活的唯一途径就是进行社会生活，离开了任何存在的社会情况，要培养对社会有用的习惯，都是不折不扣地在岸上通过做动作教儿童游泳"①。学者谢广山提出，德育回归生活，不仅要回归社会生活，而且要回归学习生活，在校内和校外，不存在两套伦理原则，当我们联系与学校有关的更大范围的社会活动来解释学校活动时，我们便能真正找到判断它们道德意义的标准②。

　　思政教育不能一味、盲目地向生活回归。学者檀传宝指出，对"生活"的全面把握和对生活的"回归"的德育策略的实施都是困难的，既需要我们的理性判断，也需要我们专业上的不懈努力。"德育回归生活"目标所包含的进步可能性的实现，需要

---

① 杜威. 教育的道德原理 [M]. 北京：人民教育出版社，1994：147.
② 谢广山. 论德育的分离与回归 [J]. 学术交流，2004（4）：163-166.

我们方方面面的共同努力①。我们谈思政教育要回归生活，不是照搬西方的生活教育理论，我们要有理性化的头脑，根据国情的需要来取其精华。思政教育不能方方面面完全生活化，要有所取舍，因为道德是高于生活的，等于生活的话就不能称其为道德了。

3. 立德树人背景下思政教育怎样回归生活

思政教育在立德树人的背景下该怎样回归生活？高职院校思政教育的出路何在？学者刘志山认为，道德教育改革和发展的方向就是回归现实生活。所谓回归现实生活，就是要从现实出发，贴近现实、贴近学生、贴近生活，在现实生活世界允许的范围内拟设、确定可能生活世界的目标②。思政教育既源于生活，又要回归生活，特别是要与学生的生活体验相结合。在进行道德教育时，应从学生的生活出发，使之与文本知识相融合，实现科学世界与生活世界的和谐统一。然而，一些教师在实践中对思政教育生活化的理解出现偏差，致使"生活化"走样、变形、失真，这不仅无助于学生依托生活体验来理解文本知识，还可能适得其反。思政教育回归生活，教师需要立足于学生真实的生活情境，选择真实的生活材料。只有这样，学生才会有真实的感受，才能够通过自己已有的生活经验开辟一条进入文本世界的通道。在教育实践中，一些教师不注意从学生的真实生活中寻找材料，而是想当然地根据自己的主观想象胡编乱造生活情境。这些弄虚作假、主观编造的材料既无法使学生产生真实的生活体验，还可能误导学生的思想，对学生产生负面影响。这样的"生活化"难以使文本世界与学生真实的生活世界联系起来，无法帮助学生理

---

① 檀传宝. 高低与远近：对于"德育回归生活"的思考 [J]. 人民教育，2005 (11)：27-28.

② 刘志山. 当前我国高校德育的困境和出路 [J]. 华中师范大学学报（人文社会科学版），2005 (3)：136-140.

解文本、内化知识，因此必须摒弃。

立德树人能否成功，关键在于教师素质的高低，教师在立德树人中扮演着重要的角色。学者刘惊铎认为教师在进行思政教育时要"关注和指导学生的学习生活、交往生活、日常生活方式和生活习惯"①。高职院校思政教育要从政治化、抽象化、空洞化的说教中走出来，回归生活，关注和引导学生的现实生活。立德树人背景下的思政教育要求教师将书本和生活打通，从学生的生活实际出发来进行教学，引导学生主动参与学习的全过程，在体验中思考，在思考中创造，培养、发展创新思维和实践能力。同时，教师应该深入学生的心里，和他们一起经历知识获取的过程，获得期盼、等待、兴奋等心理体验，与学生共同分享获得知识的快乐，共同体验学习的乐趣。

教学目标的设定要关注学生的生活体验。在整个教学过程中，教学目标是课堂教学的出发点和归宿。教学目标的设定能否关注学生的生活体验，做到知、情、意、行的统一，直接关系到学生的全面发展。新课程理念把教学目标确定为三维目标——知识与技能、方法与过程、情感态度与价值观，强调教师在传授知识的同时应更加注重实践能力培养。实践是社会生活的本质，源于生活、服务于生活，所以教师必须关注学生的个体生活体验和精神世界。教学内容的设计要围绕学生的生活经验。教学内容是教学过程中为达到教学目标而生成的素材和信息。思政教材内容虽然来源于生活，但相对理论化、抽象化，加上学生生活经验不足，所以如果教师单靠讲解教材内容，很难使学生真正接受教材内容并将其运用到实际中。同时，生活是动态的，教材内容有时并不能及时满足现实生活需求。因此，设计教学内容时除了要有意识地将教材本身的内容寓于生活中去讲解，还应从现实生活中

---

① 朱小蔓. 道德教育论丛：第 1 卷 [M]. 南京：南京师范大学出版社，2000：113.

广泛收集素材，围绕学生实际生活经验。这样容易引起学生的认知共鸣，让学生在积极参与中消化知识，培养能力，健全人格。教学方法的选择要贴近学生的生活实际。教学方法是服务于教学目标和任务，师生双方共同完成教学内容的手段。思政课本身内容理论性较强，如果教学方法机械、单一，会直接导致学生学习兴趣不高，学习效率低下。因此，在实际教学中，还需贴近学生的生活实际，采用学生喜闻乐见的教学方法丰富课堂教学，活跃课堂气氛，让学生在生活情境中去体验、去感悟。

思政课教育教学的有效组织和开展离不开一线的思政课教师。他们科学合理的教育教学观更直接决定思政教育教学是否能够有效组织开展，是否能够取得良好的教育教学效果。教师只有在教育教学观念上吃透，只有认同生活教育理论，才能在教育教学实践中加以贯彻。这具体表现在以下几个方面：树立生活化的教育教学观，每一次的教育教学都不应是书本知识的生搬硬套、照本宣科，而应是知识与生活的融会贯通，寓教于生活；树立"以生为本"的学生观，尊重当代大学生的内心世界，尊重学生的个性发展，一切为了学生能有更好的生活，教师应把现实中学生各方面的情况作为教学中的一部分；树立"教学做合一"的知行统一观，教师要在注重文化知识系统传授的同时，注重理论与实际的有机结合。特别要强调的是，在信息时代，教师要根据不同学生的生活观、个性、经验等有技巧地打破理论与生活的界限，使思政教育与学生的成长真正融通。

笔者所在的高职院校思政课教育教学以课堂教学作为学生思想政治教育的主渠道，以课外教育作为课堂教学的延伸和拓展，在形式和内容上更生活化，更体现实践性。以"思想道德修养与法律基础"课为例，课堂教学中，我们选取生活中的典型案例开展理论教学，并辅以多样的课堂活动，如学生教课、主题PPT演示、辩论、讨论等，在这个"老师教—学生学"的过程里，学生从"做"到"知"的学习过程完成了，这就是一种课内的

"实践—认识—再实践—再认识"的过程。在课外教育方面，我们在课堂知识融会贯通的前提下，在校内实践形式和内容上主要推行劳动教育、志愿服务和学习提高三类，并对学生的劳动教育进行了着重要求，对学生的劳动观念、劳动习惯的养成更具有实践指导意义，也为学生融入社会生活打下了良好的劳动基础；志愿服务更强调学生的自主性，让学生去观察社会、关爱人群并力所能及地奉献社会。校内实践形式和内容主要包括岗位实习、社会调研、学院统一组织的专项活动等，让学生在参与各类实践活动过程中了解社会、了解生活，并学会明辨是非，提高发现生活问题、解决生活问题的能力，在生活和社会中接受真正的生活教育，实现教学做合一。因此，从课内课外教育的整体组织形式架构来说，思政课就是以学会学习、学会生活、学会做人为核心，打破固有的"两张皮"，真正拆除藩篱，从而实现课内教学和课外教育的有机结合。

经历了生活世界的道德教育过程才能说是完整的。我们不能把道德教育的希望全部寄托于高职院校教育，还要关注学生除知识学习外所经历的生活过程，现在提倡高职院校、家庭、社会三位一体的结合模式，就是要求我们的思政教育不仅仅局限在高职院校这个小圈子里，还应该发挥家庭生活和社会生活的协助作用。学者汪怿指出，"青少年思想道德的发展，是在学校、家庭和社区共同影响和作用下形成的。偏执于一隅，并不能真正促进青少年思想道德健康、向上的发展。因此，三者的相互整合，是未来思政教育的一个必然趋势"①。

随着科学技术的发展进步，骗术也不断翻新，花样层出。诈骗分子紧随社会动态和热点，针对不同人群，"个性化设计"，编制骗局。大学生群体思想单纯，防范意识

① 鲁洁．德育现代化实践研究［M］．南京：江苏教育出版社，2003：17．

薄弱，社会经验不足，政策、法律、金融等方面知识欠缺，是诈骗分子的理想目标人选。在防骗反诈的过程中，我们要加强高职院校、家庭和社区的共同作用，三者应通力合作，提高学生的反诈能力。因此，我们的思政教育要紧扣学生的生活，解决学生生活中的问题。

1　案例概述

2020年4月8日上午，刚大学毕业的学生小雨（化名），接到自称为深圳通信管理局工作人员的来电，对方准确说出了小雨的姓名、身份证等个人信息，称小雨近日涉嫌与他人在北京市朝阳区倒卖口罩违法犯罪。小雨否认后，对方要求其在当地报警，并给其转接电话至所谓的北京市朝阳区的派出所。其后，自称北京市朝阳区民警的人给小雨做笔录，要求其完全配合"警方"调查，按保密要求不允许告诉任何人。对方添加了小雨的QQ，发来"逮捕令"等文书，并通过视频聊天让其确信"警方"正在进行笔录，后转为语音聊天。在所谓的"审讯"过程中，小雨一五一十地告知了本人及家庭情况，以及存款、可贷款的情况，对方随即告知小雨又查到其名下工行卡还涉嫌一起非法集资案，涉案金额192万元，遂要求小雨立刻购买一部三星手机，将电话卡插入手机。小雨按要求完成后，手机被控制，但她本人完全不知情。同时对方要求她下载指定银行App，并向好友借钱，筹集30万元转到所谓的"安全账户"以便核查。中午，小雨按照对方要求的说辞，以舅舅生病进ICU急需用钱为由，打电话向好友借钱。小雨也致电辅导员，辅导员与其核对了一些彼此了解的情况确认是本人后，详细询问她舅舅的具体病情，家人是否知悉及目前筹资情况，她本人及家人所在位置等，发现小雨的阐述中存在疑点。随后，正准备致电联系小雨家人时，辅导员收到小雨的微信消息，因习惯称呼、语言表达与小雨大相径庭，辅导员确认信息非小雨本人发送，便打电话再次联系小雨，然而多次联系未果。辅导员立刻联系小雨家人，确认小雨是否在家、是否安全，以及舅舅是否生病，告知小雨家人她正在筹集大笔钱款，极有可能正遭遇诈骗，请家长立刻劝阻使其清醒并报警，也通过家长电话与小雨本人通话对其进行劝阻。随后，辅导员微信提醒各年级班级同学小雨手机出现问题，无论是否本人，无论电话、短信、微信的任何有关借款说辞一概不要相信；其后再次致电家长，与家长、小雨沟通。在大家的共同努力下，小雨幡然醒悟。最后，辅导员对小雨进行宽慰，提醒其本人与相关同学、好友交代一声，同时提醒家长不要责怪或批评，应陪伴左右密切关注小雨状态，多给予关心和鼓励，让小雨尽快走出此事的阴影，积极面对生活中的困难和挫折。

2 案例分析

2.1 诈骗紧跟动态热点，花样层出

2020 年 1 月中旬至 2 月 24 日 20 时，全国公安机关累计侦破涉疫情诈骗案件 7502 件，抓获犯罪嫌疑人 3184 名，涉案金额 1.92 亿元，其中案值最高达 800 万元。诈骗分子针对不同人群，"个性化设计"、编制骗局，并且紧跟社会动态和热点，不断翻新，花样层出。针对大学生群体，诈骗分子利用学生的善意和同情心，谎称捐款诈骗；以亲友患病需缴纳医疗费为由诈骗；利用学校延期开学、学生办理退票手续之机，骗取银行卡资金；利用"停课不停学"之机，以各种收费为由诈骗；以国家助学贷款政策变化为由诈骗；利用各地陆续返校开学之机，以预订火车票、查看开学通知原件发送钓鱼链接诈骗；等等。

2.2　前车之鉴未起效用，思想轻视，教育忽视

大学生遭遇诈骗事件屡见不鲜，鲜活的案例、前车之鉴却未充分起到警示作用。其一，学生思想不重视，对安全教育讲座的内容、日常通报的案情一扫而过甚至置之不理，认为事件离自己很遥远，不会发生在自己身上；或者在理智和理性情况下看待案件，认为不可能发生，作为笑谈，没有意识和感受到真正被利用了心理活动特点、控制意志后事件发生的极大可能性。其二，防骗反诈教育不足且不够深入，安全教育多在新生入学教育时开展，之后少有组织；虽然诈骗警情通报常态化，但是通报主要介绍案件基本情况，缺少案件分析及相关政策法律等知识的普及，学生作为"看客"没有深入剖析、思考和总结经验教训。

2.3　日常家庭教育缺位，缺乏沟通，警惕性低

学生进入大学后，许多家长对孩子的关注和教育都有所放松，对大学学习生活特点的认知有所偏差，对孩子在大学期间的重要事项缺乏认识和重视。疫情防控期间，学生大部分时间在家，亲子交流沟通少，家长或因忙于工作，或因不够重视，未察觉孩子的异常或察觉后没有给予重视，甚至在被提醒的情况下仍不警惕。

3　解决方案

3.1　警觉异常，追踪到底

辅导员发现学生出现异常状态时，应立刻提高警惕，反复梳理琢磨，及时联系学生家长，确认情况和事件性质，与家长充分沟通、统一认识和行动，再与学生沟通并对其进行劝阻。同时，向可能涉及的其他学生发布提醒信息，缩小影响范围，降低损失。持续联系学生本人及其家人，确认学生最终认清真相，妥善处理，及时止损。

3.2 事后跟进，心理疏导

辅导员倾听学生遭遇诈骗过程的心理活动描述，理解学生在这期间的心理活动特点及其与行为间的关联，基于过往的案例和经验，用"正常化"的心理咨询方法缓解学生不良情绪，减轻学生心理压力，与学生一起梳理、总结和反思，帮助学生重新进行认知和心理建设，正视这次经验教训，积极面对困难和挫折。

3.3 案例教育，提高警惕

在保护当事学生隐私的前提下，对在校生开展防骗反诈安全教育，分析各类别诈骗案件套路、手段、不合规行为的甄别识破点，普及案件涉及的法律法规、相关政策等知识。

4 案例启示

4.1 辅导员要有较高的敏锐度

辅导员在工作中要多留个心眼，多考虑，多分析，提高警觉，发现疑点或问题，宁可信其有，坚持追踪，以便及时处置，保护好学生的合法权益。日常工作中，辅导员应多了解关心学生的情况，建立完善的信息档案。

4.2 深入开展防骗反诈教育

诈骗的理念、手段和技术随着社会发展和科技进步不断更新，防骗反诈教育也是一项时做时新的工作。防骗反诈教育需要常态化开展，教师可以与反诈中心民警合作，开展诈骗情景模拟，让学生有真切的体会和感受，进而剖析诈骗发生时当事人的心理，指导学生识破各类别诈骗套路和手段，运用法律维护自己的合法权益；有针对性地向学生普及国家关于诈骗打击和防治的最新法律法规，以及案件经常涉及的法律、金融等知识；还可以通过开展校园文化活动，以学生喜闻乐见的形式开展日常防骗反诈教育。日常通报警情时，重视案情分析和常识普及，引导学生树立防范意识并形成习惯。

4.3　强化家校协同教育

学生的教育需要家校协同。辅导员在日常工作中要多与家长沟通联系，让家长了解学生的情况。向家长普及大学学习特点、学生心理健康、防骗反诈等重要事项，进行协同教育。

鼓励学生与家长加强沟通。随着社会的发展进步，诈骗分子也会不断更新技术、手段。因此，防范意识不可松懈，高校防骗反诈教育要常态化开展，常做常新、丰富内容、拓宽途径、落实效果，构建家庭、学校、社会的支持系统，让诈骗分子无处遁形，保护学生的合法权益，维护校园的安全稳定。

三、从立德树人看生命教育观对高职院校思政教育的影响

生命教育的概念于 1968 年由美国人杰·唐纳·华特士最早提出。针对当时美国青少年自杀、吸毒、伤害他人、破坏环境等种种问题，华特士提出必须关注人的生长发育与生命健康的教育真谛。美国生命教育的主要内容包括死亡教育、情绪与挫折教育、健康教育、生计教育、品格教育、个性化教育和环境教育等，以课堂教学为主渠道，辅之以社会实践活动，充分利用学校、社会、家庭的资源，进行多渠道、渗透式的生命教育，致力于生命成熟、人生幸福的全人教育。从此，生命教育向世界其他国家和地区辐射。英国生命教育始于 20 世纪末并且迅速发展，建立了促进个体生命、社会品质完善发展的个人、社会与健康教育内容，以及生命价值实现的公民教育内容，旨在培养幸福公民。日本生命教育内涵丰富，通过人与自身关系、人与社会关系、人与自然关系三个层次为学生解释生命，使生命教育自成体系、独具特色。俄罗斯的生命教育是与安全教育相结合的，早在 2003 年，新修订的《俄罗斯普通教育国家标准》就把生命安全

基础知识课程作为必修课程，培养学生预防危险、应对危险的能力。我国的生命教育初期主要关注人的生命、健康。通过不断借鉴、转换和继承、创新，我国生命教育的内容已经趋于稳定。我国的生命教育狭义上指的是珍惜本身的生命、健康，包括自身、他人，以及大自然中的一切生命体；广义上指全人培养，包括世界观、人生观、价值观的培养。

人生最重要的价值是什么呢？这种价值就是生命价值，思政教育的终极关怀就是尊重生命、关怀生命，包括爱惜自己的生命、他人的生命和类生命。因为没有生命的存在，世界上的一切存在都没有意义，世界所有的一切只是因为有了人的生命而显示其存在的意义①。人类所创造的一切，包括衣、食、住、行等方面的物质文明和政治、思想、文化等方面的精神文明都是为人的生命而存在的，没有人的生命的存在，这一切都不可能出现，也没有存在的意义。所以，生命应是人文关怀的终极目标，生命教育是思政教育的最高境界。

生命是世界上最复杂最玄妙的现象，生命本身就是奇迹。生命科学告诉我们，每一个人都拥有巨大的潜能。因此，学者蒋春雷指出，教师可以通过激励、赏识和关怀，给学生营造一种自信、梦想、激情和愉悦的昂扬奋发状态，让学生在教师的期待和自我激励中获得信心和力量。此时，生命的潜能就会如山泉一样汩汩涌出，这正是我们在立德树人中所孜孜追求的意境②。在立德树人背景下实施生命教育不仅仅是教育学生尊重生命，肯定生命的价值和意义，以更好地实现自我、奉献社会，更要避免他们不爱惜生命、自我伤害或漠视他人生命等行为的发生。但多年来由于部分高职院校整体上忽视了对学生进行生命的呵护和人性的完善的教育，因此学生在接受大量学科知识的过程中，体会到的

---

① 李太平. 全球问题与德育［M］. 武汉：华中科技大学出版社，2002：224.
② 蒋春雷. 谈谈生命教育［J］. 思想政治工作研究，2006（4）：32-33.

是漫无边际的沉重的压力，被泯灭的不仅是兴趣、创造性，还有可贵的生命活力，造成了一定的生命扭曲现象。面对繁重的压力，有的学生无视他人或自己的生命，甚至出现了"徐力杀母"事件和多起中学生自杀事件。当然，导致这些事件出现的原因很多，但其中一个重要原因就是我们忽视了对学生进行基本的生命教育。我们的孩子所接受的生命教育是微乎其微的，是因为我们在很大程度上回避了或者说逃避了生命教育。我们今天进行教育改革就是从"应试教育"向立德树人转变，对于思政教育的影响就是使学生从"漠视生命"向珍爱生命转变，教师要创设一定的思政教育情境使学生懂得生命的意义。

1. 立德树人背景下生命教育的变化

在思政教育的过程中贯穿生命的价值，这是立德树人对现代思政教育的要求。在立德树人背景下，生命教育重新诠释了生命的意义。

关怀生命的人首先珍惜自己的生命和他人的生命，反对轻生行为，反对剥夺他人的生命。要让学生了解生命的起源、组成、特点、规律、价值和真谛，让他们懂得生命是神圣的，一个人要知道尊重自己的生命，也要尊重他人的生命。

法国哲学家蒙田认为，我们的生命受到自然的恩赐，是优越无比的。自然经过多少亿年的时间才哺育出生命，生命又经过多少亿年的进化才出现人类，所以，我们对生命应有一种感恩的态度，应树立生命本位的思想。学者王霞认为生命教育要让学生学会感恩①。感恩教育是生命教育的重要部分。感恩是一种生活态度，是一种品德。在冷漠中长大的孩子只知有自己，不知爱别人，更不懂得尊重他人，往往把生命看成自己的私有财产，有的人结束生命的理由仅仅是为了让老师或父母难过。感恩教育的本质是让学生懂得和理解爱，爱惜自己的生命，也尊重和爱护他人

---

① 王霞. 生命教育之我见 [J]. 思想政治课教学，2006 (8)：8-9.

的生命，在和谐的人际关系中获得快乐。为了顺应时代的发展和立德树人的要求，我国社会重在建设一个和谐的社会，强调人与人之间的关系应是一种和谐的关系，必须尊重每一个人。立德树人要求高职院校思政教育要开展感恩教育，教育学生不光要感谢父母赐予生命，还要感谢老师和同学及帮助过自己的人，要时刻拥有一颗感恩的心，这样才会收获精彩，生命才会更有意义。

另外，学者高清海等认为生命教育还要尊重类生命，关怀类生命，主张国际合作，增强地球环境保护意识，反对战争，反对破坏地球环境。哲学研究认为，人同时有两种生命，即"种生命"和"类生命"。"种生命"是一种前定的、自然的生命，是父母遗传的，是人与动物共有的生命。"类生命"是一种能创生的、超越的生命，是支配人整个生命的生命，是人类特有的生命。类生命的价值在于它能充分开发人的种生命①。类生命是人以外的其他动物所不具备的，是最富有思想和智慧的部分。黄继光堵枪眼、董存瑞炸碉堡，就是他们的类生命在起主要作用的结果。这说明人的生命的价值在于追求有别于动物的类生命的最高境界。这是站在更高的角度关爱生命，谈论生命的价值。立德树人背景下的生命教育要更多地关怀类生命的价值，关注全球出现的问题，增强环保意识，提倡和平，主张生态教育。雅斯贝尔斯在他的《什么是幸福》一书中说："教育的过程首先是一个精神成长的过程，然后才成为科学获知的一部分。"他这句话深刻地诠释了教育的人文关怀宗旨。生命教育更应最直接、最广泛地体现教育这一神圣的宗旨。

新冠疫情突如其来，习近平总书记指出，新冠疫情是百年来全球发生的最严重的传染病大流行，是新中国成立以来我国遭遇的传播速度最快、感染范围最广、防控难度最大的重大突发公共

① 高清海，胡海波，贺来. 人的"类生命"与"类哲学"：走向未来的当代哲学精神 [M]. 长春：吉林人民出版社，1998.

卫生事件。对高校而言，大学生在此次疫情中的种种表现也能够反映出高校人才培养成效。大部分学生都表现出积极配合、甘于奉献、勇于承担的优秀品质，但仍有部分学生无视纪律，造成了一些不良影响。某些高校的个别学生不听劝阻提前返校；在宿舍微信群内传播疫情谣言；以销售口罩为名实施诈骗；在网络教学期间不认真上课，沉迷游戏……这些现象反映出当前部分大学生珍惜生命、尊重生命、追求人生理想的意识还较为淡薄，高校生命教育仍有不足。同时，近些年来大学生伤害自己或他人的事件时有发生，针对大学生错误的生命观的表现，高校基本上都会从心理辅导的层面对学生培养进行探索和分析。然而，专业的解决手段往往在问题出现之后才能发挥作用，如何从源头上帮助大学生正确看待生命相关的问题，还需要高校在推进生命教育进程中不断探索和改进。

从 20 世纪 90 年代中后期起，我国生命教育研究在教育领域呈现"趋热"特点，召开相关会议、出台政策文件、编写教材、开设课程等方式都是在探索实施生命教育。1996 年，我国将每年 3 月 31 日设为安全教育日；2000 年，我国台湾地区成立了"生命教育委员会"，开设了"生命教育"系列课程，包括人际关系、伦理、生死学、宗教、殡葬礼仪等五大生命教育内容；21世纪初，香港特别行政区也开始开设相关课程，从知、情、意、行 4 个层次开展教学，并且各个学校根据不同校情，侧重点也有所不同；2005 年，上海市出台《上海市中小学生生命教育指导纲要》；2008 年，云南省各级学校推进以"生命教育、生存教育、生活教育"为内容的"三生教育"；2010 年，教育部正式公布实施的《国家中长期教育改革和发展规划纲要（2010—2020年）》中明确提出要"重视安全教育、生命教育、国防教育、可持续发展教育"；2011 年，首届大学生生命教育高峰论坛在北京师范大学举行；2012 年，人力资源和社会保障部中国就业培训技术指导中心推出职业培训课程"生命教育导师"；等等。众多高校或以理论课、大班化的形式对学生进行生命教育，或通过教材和读本宣传生命教育的相关内容，如浙江大学"生命的教育"慕课及其通识教材、武汉大学的《生命教育大学生读本》等，总体上以对生命教育的内涵理论研究为主，主要涉及教育学及心理学相关学科，但由于在该领域的研究和实践还处在探索阶段，因而并没有在全国形成覆盖性的课程体系。

2. 立德树人对生命教育在实践方面的要求

在立德树人的背景下，我们的高职院校应该怎么对学生进行生命教育呢？学者王希华指出今天的思政教育在关注社会功能的同时，更应关注学生个体，关注学生的内心感受和体验，关注思政教育对促进个体成长的价值和意义。他认为思政教育要关注生命的意义。思政教育是"尊重自主"的教育，不仅提倡学生自愿参与，而且鼓励学生通过自己的理智活动和实践体验获得道德上的不断成熟，而不是依靠说教强迫学生接受空洞的条文或形成机械的行为反射①。思政教育如果只靠"看"和"管"的方式，不可避免地会忽视学生的需要，甚至可能引起学生的敌对态度，使学生成为"两面人"。这样，思政教育会因不能促进学生发展而使自身的社会功能难以实现，思政教育便失去了它对生命的价值和意义。在立德树人背景下，思政教育应该是一种被"追求"的道德，即个体道德行为不仅是为社会和他人做奉献，也是个体追求人的尊严与人格高尚的自我完善过程，是个人追求生命价值和意义的一种内在需求。当被认知的道德发展为被"追求"的道德时，学生不仅会表现出自觉、良好的道德行为，还可以促进个人道德的"自我组织"，即把个人的道德与对人类、自然、生命的终极关怀联系起来，作为"自我实现"的目标孜孜不倦地追求。

① 王希华. 尊重自主：关注德育的生命价值 [J]. 现代教育科学，2005（6）：26-27.

　　苏霍姆林斯基在《把整个心灵献给孩子》一书中给教育下的定义是："教育——首先是人学!"确实，教育不能没有理想，但教育更需关注生命。每个人都有生命的尊严，张扬生命的权利是谁也不能剥夺的。所以，教师应该有博大的胸怀去包容一切生命，应将关注的目光投向每一个角落。要知道，你关注的目光，就是学生心灵的太阳，哪怕是一束阳光，"世界"也足以明亮。"尺有所短，寸有所长。"学者孔永海指出，在立德树人观下谈生命教育就要尊重生命，学会宽容。一是让学生觉得自己是重要的，是受到教师重视的。"尊重是所有成就的起点与第一颗种子，是能力的基础。"① 教师要帮助学生建立自信心，要引导学生敢于放大自己的形象，充分发挥学生的主观能动性，让学生在集体中展示自己的能力和特长。二是让学生能由衷感到快乐。得到了教师的重视、同学的肯定，学生就会感到自己的存在对集体、对同学是有价值的，就会感到受教育的快乐。这种快乐同样也成为促进学生进一步发展的内在动力。孔永海同时指出，生命教育还要敬畏生命、赏识生命、张扬个性，重中之重是要转变教师的观念。高职院校的管理者要尊重、赏识教师的生命，让他们的生命价值得到展现。所以学者李太平认为，我们首先要提高教师对生命教育的认识。教师应尊重、关注、关爱每一个学生，建立良好的师生关系，善于发现学生在行为举止上的细微变化，善于洞察学生的心理变化，善于与学生交流沟通，以适当的方式及时疏通学生的心理压抑，抚平学生心灵上的创伤。

　　（1）确立切合实际的生命教育目标

　　随着社会环境的不断变化，高校的生命教育也应考虑时代特点，不断调整目标以符合当前发展的需要。华特士提出生命教育的目的是缓解当时美国青少年滥用药物、使用暴力，以及自杀等

　　① 张永厚.关注生命：教育的新视觉［J］.陕西教育（综合版），2012（7）：104.

危害生命的现象；英国二战后的经济、科技发展迅速，但是社会道德急速滑坡，物质主义与个人主义日益膨胀，培养幸福公民的全人以改变不良的社会风气、促进国家经济和政治进步是当时的教育目标。我国当代大学生生于和平年代，遇到重大危机的可能性小，面对生活和学习上的挫折时抗压能力也相应较弱。因此，目前高校的生命教育在生命本身的层次上需聚焦于客观认识人的生命、自身和他人的关系，以及人与自然和谐相处的重要性，在生命延伸的层次上要着重培养学生的危机意识，使学生拥有在任何情况下积极向上的素养，努力奋斗，从而更好地实现人生价值。

（2）建设素质优良的生命教育人才队伍

根据生命教育的目标，可从三个方面考虑选拔和培养能胜任教育任务的人才队伍。一是从生物科学、法律人文等专业学科选拔教师，通过教授专业性的知识解决学生遇到的与生命相关的问题，帮助学生树立科学的生命认知。二是从辅导员的队伍中选拔和培养具备一定专业知识的管理人员。辅导员与学生接触较多，可以从日常管理中对学生进行思想教育，传递正能量，但是要注意方式和方法，否则容易陷入"教条主义"。三是组建专业团队。目前高校基本都设有专门的心理咨询团队，可以在其中设置生命教育的专门板块，以便随时为有需要的学生提供咨询服务，保证学生在课内课外都能接触到引导其思考的导师。教师作为知识的传授者和学生行为的引导者，在对学生进行生命教育的同时，除了通过不断补充生命教育相关的理论知识、参加专业的培训来提高自身的专业素养之外，也要时刻反思，将行之有效的研究成果发表出来，以研究加速实践，这不但能为高职院校思政教育提供思路，也能为社会大众的生命教育提供内容和方法。

（3）设置具有专业特色的生命教育课程

目前高校在生命教育方面的课程多集中在教育学、心理学等人文社科方面，若从自然科学的角度阐述生命的历程、生命之间如何相互依存、生命在推进社会进步中的作用，从生物、化学甚至机械等专业方向出发做出解释，则会更加清楚。所以，高校各院系可以根据专业特色，以生命教育为导向，打造更多精品课程。如生物专业可以开设类似"显微镜下的生物世界"等课程，引导学生先认识微观生物世界，进而感悟生命；化学专业可以通过讲述合成与生命延续、生活进步、科学文化、国家尊严的关系，带领学生认识科学教育的人文内涵；等等。课堂教学部分可以采用必修课和选修课相结合、开设系列讲座等方式进行。如此，学生不仅能从专业角度学到与生命相关的知识，从而引起共鸣，也可以学到专业以外的知识，开阔视野，培养发散性思维，进一步认识到生命内容不是单一的，而是包含面极广、层次极丰富的，从而加深对生命的理解。课外部分则建议增加更多的实践环节。身临其境地感受生命才会真切地重视生命，高校可以通过与志愿服务、爱国教育、体育锻炼等主题结合，丰富实践内容。新冠疫情防控期间，许多学生志愿参加社区服务，主动加入疫情阻击战，体验到人与人之间、人与社会之间的紧密关系，通过这些活动可以更加深刻地了解实现人生价值的多种方式，全面树立正确的生命观、人生观。

（4）建立长效的生命教育监管机制

高校生命教育的教授时间是短暂的，但对学生的影响往往是一生的。为了有效落实生命教育，保证生命教育的培养质量，高校需要建立长效的评价和监督机制，做到信息的顺畅沟通和出现问题后的及时应对。如采取定期检查课堂、向学生发放问卷、收集学生的心得体会、举办生命相关的演讲活动、模拟危机环境以观察学生的应急反应等方式了解学生的学习状况；安排专人、成立委员会、制定政策进行评估和监督；加强与家庭的联系，建立积极有效的预警干预机制；与心理健康排查相结合，通过普查、咨询跟踪了解学生对待生命的态度，定期进行测试，掌握学生心理上的变化，以便发现异常时及时干预。

以下为某院校一位班主任的案例分享。

"学校教育，以人为本"，班主任作为承担此重任的关键力量，是班级建设的指导者、班级工作的组织者与学生健康成长的引领者，在学校与家长交流之间构建了一座桥梁。班主任工作不仅仅是一门科学，更是一门艺术，教师们在从事班主任工作时，心里都有同样的体会，即班主任工作过于繁杂、琐碎和辛苦。但是，一旦踏进了教育这一神圣的行业，必定会在工作中无私奉献、毫无怨言。作为班主任，我们要引导学生珍爱生命，学会感恩。

1　案例背景

电气自动化专业三年级某班有 52 名男生。班级学习方面，学习氛围比较浓，部分学生除修完学校课程外还在校外进修其他课程，求知欲望很强。班级管理方面，规章制度严明，整体班风和学风良好，但还存在少数学生思想懒散、不求上进，平时不能严格要求自己，不遵守班纪班规的现象。A 同学就是其中一个典型的例子。该学生性格顽劣，脾气暴躁，有不良嗜好，在学习上过于散漫，时常上课睡觉，作业质量较差，遇到不顺心时就出口伤人，甚至用极其难听的言语辱骂他人，与同学打架斗殴的事件常有发生。面对这种非常不服从管理的学生，我多次想放弃对他的教育，但教师的使命感告诉我不行，他是我的学生，我一定要用耐心和暖心去感化这个浑身带刺的学生，不能放弃！

2　案例经过

因分校搬回总校，所以各班宿舍需归并整合，我们班也面临着调整，大部分宿舍搬迁有序，唯有 207 宿舍 A 同学坚决不同意搬宿舍，当天晚上与宿舍同学争吵，谩骂同学，言辞特别恶劣，甚至要动手，有的同学被他气哭。我

得知此事后，组织班委安抚了受委屈的同学，随即联系了
A 同学，没想到他情绪失控，根本听不进我说的话。我联
系了班委，让他们先关注他的情况，第二天我到学校找他
当面谈。第二天一早，我找到了 A 同学，问其不肯搬宿舍
的原因，他态度坚决，执意要留在 207 宿舍。我又问他为
什么要在网上发那么多辱骂同学的话，他说心情不好，在
网上发泄而已，一脸无所谓的态度。我对他进行了长时间
的沟通开导，但他始终不肯妥协。这时保卫处电话来了，
说班级有同学把洗衣房的柜子踢坏了，我一看保卫处的监
控视频，竟然又是 A 同学。视频中的他情绪非常不好，把
愤怒的情绪宣泄在衣柜上，衣柜的门就这样被他一脚一脚
踹了下来。当时我真的很生气，心里堵得发慌，无法接受
我的学生如此这般行为，心真的好痛……回到办公室，我
拨通了他妈妈的电话，叙述了 A 同学这两天在学校的情
况，没想他妈妈听完就哭了起来，向我倾诉了家庭情况。
虽然他的父母早已离婚，但双方矛盾一直没断过，不良情
绪对孩子造成了直接影响，让孩子脾气愈发暴躁、脆弱敏
感、包裹严实，像长满刺的刺猬一样，难以让别人走进其
内心世界，他的想法也从不向人诉说。电话放下的一瞬
间，突然觉得作为班主任的我对学生的关爱度真的不够，
A 同学这样的情况是更需要关心和呵护的。A 同学妈妈来
到学校后，A 同学态度还是很傲慢，不愿沟通，仍然坚持
住在 207 宿舍，对破坏公物行为不知悔改。我建议他回家
冷静一下，反省一下自己的问题。A 同学不愿意回家，说
回家没人管。这话刚说完，他妈妈便委屈地流下了眼泪。
见此情形，我拉着 A 同学的手走到一旁，心平气和地跟他
讲道理，告诉他不能这样责怪自己的父母，他们都要工
作，要理解和包容他们，父母永远最爱的都是自己的孩
子，否则他的妈妈今天也不会从上海这么远赶到学校。如

果自己的孩子在学校一切都好，她也会心安，也会更努力地工作，工作也是为了让家庭有更好的生活。听完后他开始闷不吭声，眼泪在眼眶里打转，过了许久嘴里才吞吞吐吐说出几句话："班主任，我错了，我不能控制自己的情绪，做事情的时候不顾及他人感受，顶撞您很多次，恶语中伤同学，伤父母的心，对不起老师，我真的错了。"此刻我安慰鼓励他，说："我能理解你，慢慢来，认识到自己的不妥之处，及时纠正过来，我对你充满信心。"他不停地点头，随后跑到妈妈身边："妈妈，我听从班主任的建议，回家好好反省自己的行为，以后在学校我一定听老师的话，不再乱发脾气，遵守校纪班规。我会给同学们道歉，请他们原谅我。被踢坏的柜子用我每月的生活费来赔偿。我以后不会再这样让您担心。"此刻他的妈妈心情好转了许多，带着微笑对我表示了感谢，拉着A同学离开了学校。

这学期的几次主题班会上，A同学都主动提出参与，在"感恩父母"班会课上，他自信地演讲，把自己的亲身经历和心得体会分享给大家，班会结束后他主动和我交流意见，我感受到了他的改变。接下来的日子，A同学不管遇到什么困难都会和我沟通，很信任我，我也给了他很多的建议和鼓励。这一学期下来，A同学像换了个人，和同学融洽相处，尊敬师长，在课堂上也能够认真学习，期末成绩进步明显。同学们在背后都说他性格温和了许多，乐于帮助同学。看到这些，我心里觉得很温暖。

3　案例分析

3.1　育人德为首，做人孝为先

作为思想政治教育专业的老师，我对于学生的德育十分看重。我的教育追求就是培养出更多有德有才的学生，真正做到"立德树人"，在班级管理中也以此为核心，并认真关心学生，通过事情感化心灵。我为学生讲解父母工作与生活的不易，以此提醒学生在生活学习中应当注意自身言行举止；同时，在管理中做到"动之以情，晓之以理"，尊重学生的想法，面对学生时不总以严肃的态度对待，拉近师生之间的关系情感，让学生感受到我对他们的关心爱护，以师爱温暖他们，以真情感化他们，以理说服他们，让他们的内心变得更加柔软，能够主动承认并改正自身错误。为此，在课间的时候我不再只是争分夺秒备课、批作业，而是与他们聊天、谈心。刚开始的时候学生眼中总是充满戒备，躲躲闪闪，问十句话回答不了两句，更多的是以沉默面对。我不厌其烦地和他们聊天，明确告诉他们，谈话并不是想批评他们，是想要谈谈心，让他们将思想包袱放下，也不要有心理压力，以此加深对学生的关注。另外，我还会每周组织一次德育主题班会，旨在引领教育目的和精神，班级同学都积极参与其中。A同学经常积极主动主持班会课，变得更加自信阳光了，现在的他遇到不解的事情都会第一时间找我倾诉，他信任地把心掏给了我，用心灵接近心灵的方式与我沟通，能够勇于承认自身错误，真心实意地改正自身行为，体会到了父母的不易，有了一颗感恩的心。我经常鼓励他，对他进行"我能行"的心理暗示，多寻找原因，少责备。最终，他没有让爱他、关心他的人失望。

3.2 家校诚沟通，天堑变通途

在管理中与家长积极沟通，真正落实家校合作，对班级管理具有促进作用，有效提高了管理效果与效率，让学生能够将更多的精力放在学习之中，体会到父母的不易，加倍努力。在此过程中，我经常与家长联系，有时候是电话，有时候是微信，通过多种平台进行沟通交流，在让家长了解学生在学校表现的同时，我也能够借此了解学生在家的情况，了解学生情绪、学习状况、家庭特点，与家长达成共识，通过齐抓共管的方式，就近段时间学生表现及学习态度与家长交换意见，对于有进步的孩子予以表扬。为了能够更好地进行班级管理，我每学期都会组织召开家长会，增加家长与老师面对面交流的机会。

一次家长会上，我安排每位学生提前准备一封信《想对父母说的话》，在活动期间我亲手把装订好的书信一一交给每位家长，他们在看信过程中都不由自主地流下了感动的眼泪，有的家长激动地分享了当时的心情。通过这种方式，父母可以更了解自己的孩子。家校合作的方式有很多，班主任是家长和学校沟通的桥梁，只有时时紧密联系，让老师和家长更多关注学生，同时给予学生更多的关心和爱护，才能使他们在爱的滋润下健康成长。A同学的父母现在时常与我联系，我也及时向他们反馈他在校的各项表现，父母看到了孩子的变化很欣慰，相信他会有更大的进步！

3.3 批评要迂回，为人留余地

毛泽东曾说，没有调查就没有发言权。在班级管理的德育中同样如此，对学生的批评必须以掌握事实为基础，让学生不会觉得批评是空穴来风，老师不理解事情真相。正如A同学发脾气、不听课的背后原因，是不知道如何面对家庭与父母，如若教师上来就批评，学生通常不会承认自身错误，难以达到矫正效果。所以，当学生出现问题时，我会全方面掌握资料，甚至对于一个细节也会花上大半天时间弄清事情真相，与家长进行沟通交流，随后再对学生进行批评，减弱其侥幸心理，让其能够自觉遵守纪律，明确批评不是无的放矢，要努力获得表扬。同时，在批评教育过程中，我也会做到留有余地、点到即止，为学生留下自我教育和自我批评的空间，这样不仅能够提高学生的接受度，还能让其对老师的宽容产生内疚感，以此鞭策自己。

　　班主任如果否定或贬低学生，对学生的错误不断唠叨，则会降低其自我批评的积极性，甚至使其产生自卑感，出现"破罐子破摔"的想法（实际学生内心仍然期望获得老师和周围同学的理解）。因此，在批评学生的过程中，我通常将道理寓于故事中，如让 A 同学理解父母，理解周围的人都在关心他爱护他，以孟母三迁、负荆请罪等事例引导他认识到父母的辛苦，明白现在改正仍然不晚。

四、从立德树人看信仰教育观对高职院校思政教育的影响
（一）立德树人对道德信仰的重新定位

　　信仰是一个人的精神境界，人的精神决定人的行为。一个人的精神境界的高低决定了他的所作所为。有人说，信仰是人的精神和灵魂，也是人生的方向，有什么样的信仰就有什么样的人生之路。在立德树人背景之下，更应该把信仰提到较高位置，因为它对人的道德发展和高职院校思政教育的进展都起着十分重要的作用。

　　信仰对于一个人的道德发展有着非常重要的作用。在威廉·葛德文的著作中，古鲁斯重返迦太基受毒刑而死是因为相信祖国的利益高于一切，"一天，一小时的高尚的自由生活抵得过在枷锁下的永生"。在他的文章里，"道德是一种幸福的源泉，这种幸福不会因为享受而变得乏味，也是任何人不能夺走的。道德的真义在于按照其本来面目观察一切事物，按照其固有价值来估量一切事物。所以，只要一个人是道德的，他就不会有成为悲哀和不满足的俘虏的危险"。人一生的信仰不是单一化或永久不变的，信仰支配的道德也在不断发生变化。一个人在地位、职位、工作性质发生变化的时候，其信仰也面临着新的考验。在社会转型

期，到处充满着诱惑，人的精神信仰也难免发生转变，立德树人就是在社会转型时期提出来的，在这样的背景下更要把信仰提到较高位置。

信仰对高职院校思政教育也有很大的作用。学者檀传宝经过研究认为，信仰对道德具有论证作用、聚合作用、圣化作用，对道德教育具有补遗作用①。学习道德规范必须从领悟其内在价值开始，而不是就规范论规范，只有理解了其内涵才能加以选择，因为在进行道德规范传授时不能回避终极价值的选择。人的一切行为都是在信仰的支配下做出的，信仰作为核心，对道德行为具有聚合作用，所以建立以信仰为核心的道德体系是解决当前道德危机的首选之举。信仰对于道德不仅仅有逻辑上的论证作用，更有在情感上使德行神圣化的情感附着作用。有了信仰的支撑，道德行为主体的道德行为就能因为神圣化而具有进一步的动机意义。德行本身将成为道德学习的驱动力。信仰对道德教育的补遗作用体现在理论和实践两部分，即"事"与"理"。日本学者小原国芳曾经指出："关于道德的看法，教育家偏于事，宗教家偏于理，都不是道德的真面目。问题是要事与理两者俱备，善于摄取事实和理想的真义，从而达到道德的实质。"② 这一点不仅讲透了日本道德教育的弊病，对于分析中国道德教育的现状也极富启发性。因此，在道德教育范围之内和之外都应确立信仰教育的地位。真正做到"理"与"事"的统一，首先必须有确立"理"的前提。

（二）信仰教育在立德树人背景下的变化

我们的高职院校要以信仰教育作为思政教育的精神支柱，信

① 檀传宝. 论信仰教育与道德教育 [J]. 北京师范大学学报（社会科学版），1997（2）：48-53.

② 小原国芳. 小原国芳教育论著选：上卷 [M]. 北京：人民教育出版社，1993：100.

仰不光包括宗教信仰，还包括政治信仰和人生信仰。高职院校的思政教育过去以行为规范为主，注重权威，强调规范行为和传统；注重概念的灌输，以忠孝礼信为范条束缚人的行为。而立德树人背景下的思政教育是以信仰为主体的。要一个人拿出热情来推荐他并不认为真正值得赞美的东西，乃是一件再困难不过的事情。思政教育靠的是信仰，是以思政教育人，是外得于人、内得于己，不论教者还是学者。

在信仰教育中，对于精神家园的建构和完善的要求显得更为迫切，正如有的学者所说：人们从来没有像今天这样强烈地需要相对稳定的价值观念的支撑，需要在变动不定的世界里寻求到一定的精神家园。然而，生活世界的变幻不定，理想信念的迷失，又使人难以弄清生活的最终意义。人往往生活在渴望理解生活的最终意义，却又怀疑生活最终意义存在的矛盾之中，生活在因缺乏稳定的价值观念而对周围世界无所适从，却又处于必须做出明确的自我决定的矛盾之中①。学者王东莉认为，人们渴望重建精神家园，实际上反映了人们对于人生终极意义的追求，对终极关怀的需要②。

高职院校开展信仰教育还需要家庭和社会的配合。刘忠勋在《信仰：德的真正意蕴》一文中指出③，道德教育就其整体而言需要全社会的共同参与。这种参与体现着整个社会的协调主动性。如果家庭、学校或整个社会对思政教育不配合、不坚信，或出现信仰的危机（对于高尚思政教育麻木或排斥），家长对孩子有不良灌输或家长本身不道德而影响孩子，在孩子的心灵里埋下不道德种子，高职院校思政教育将面临巨大阻碍。如果社会环境

---

① 陈晏清．重建新世纪的价值观［J］．天津社会科学，2001（1）：4-6．
② 王东莉．德育人文关怀论［M］．北京：中国社会科学出版社，2005：274．
③ 刘忠勋．信仰：德育的真正意蕴［J］．通化师范学院学报，2001（3）：16-20．

恶劣、腐败严重、道德低下，家庭和高职院校的道德信仰教育工作也无法很好地开展，因为这三者是相互协调的。我们开展信仰教育不光要求教师有人生信仰，家长和社会也要为学生创设一个追求人生理想的信仰教育氛围。信仰危机必然导致社会腐败、思想堕落。解决思政教育问题关键是解决信仰问题。

鉴于人们对信仰教育存在一定程度的忽视这一现状，檀传宝先生为我们指出应努力的三个方向：一是确认信仰教育与道德教育的内在联系，在道德教育体系内部实现信仰教育；二是确认信仰教育在整个教育系统中的地位，使之成为整个教育活动的终极目标；三是用信仰教育统整过去的世界观、人生观、理想教育等概念，研究信仰教育高于上述范畴的价值内容和心理特质，从而完成教育活动对教育对象应有的终极价值关怀①。

（三）立德树人背景下高职院校开展信仰教育的必要性和途径

思政教育要想真正取得成效，先要改变存在一定程度的信仰危机的现状。落实立德树人任务，高职院校责无旁贷地要帮助学生树立远大理想，让他们有人生追求，不至于精神空虚，从而培养出有理想的一代新人。

邓小平同志说过："为什么我们过去能在非常困难的情况下奋斗出来，战胜千难万险使革命胜利呢？就是因为我们有理想，有马克思主义信念，有共产主义信念。"所以"我们一定要经常教育我们的人民，尤其是我们的青年，要有理想"。在立德树人背景下，教师的迫切任务是教育学生要有理想，而不是庸庸碌碌地生活。人类以前的社会实践证明了这一点，自古及今，但凡有所建树的人，他们的传奇都是从确立远大的理想开始的，这样的人物不胜枚举。刘邦、朱元璋、拿破仑、林肯，还有毛泽东等，

① 檀传宝. 论信仰教育与道德教育［J］. 北京师范大学学报（社会科学版），1997（2）：48-53.

尽管他们的出身很平凡，但是因为有了远大的理想，他们的人生从此不凡，他们的时代因之而波澜壮阔。我们也发现，历代那些即便是出身仕宦豪门的达官贵人，如若没有崇高的理想，随波逐流，终日沉迷于个人生活的成败悲欢中，短暂的风流过后，他们的名字和他们的生命便会一起被历史车轮扬起的尘灰埋没。这样的人生是没有价值的。青少年想拥有有价值的人生，就必须树立远大的理想，有自己的信仰和追求，这样才不会虚度一生。

惠特曼说："没有信仰，就没有名副其实的品行和生命。"一个人可能没有宗教信仰，甚至也可能没有相应的政治信仰，但是人绝对不可以没有一定的人生信仰。同时，任何别的信仰形态如政治信仰、宗教信仰等终究要通过人生信仰才能真正作用于具体的人格建构。帮助学生体味人生的最大价值所在，鼓励学生去追求获得人生最大意义的创造性人生，应成为高职院校思政教育和全部教育工作的核心任务①。信仰是行动之母。信仰可以左右人生。人生观，也就是人对于人生的看法与信仰。试观历史中伟大人物的成就，无一不缘于他们崇高的信仰。高职院校要帮助大学生树立正确的人生观，引导他们以伟大人物为榜样，立志成才，时刻拥有坚定的人生信仰。

党的十八大提出，倡导富强、民主、文明、和谐，倡导自由、平等、公正、法治，倡导爱国、敬业、诚信、友善，积极培育和践行社会主义核心价值观。当今世界科技日新月异，文化纷繁多样，价值多元化，给人们的思想带来了冲击。青年学生要在正确的价值观引领下才能成为有用之才，所以对他们进行信仰教育就显得尤为重要。

---

① 檀传宝. 信仰与人格：信仰教育的道德教育意义及其确认 [J]. 高等师范教育研究，1999（1）：25-27, 21.

1. 部分学生信仰缺失的表现

（1）部分学生缺乏坚定的马克思主义信仰

绝大多数学生能够坚持党的领导，也感受到了改革开放给生活带来的巨大变化，对以习近平同志为核心的党中央充满期待，对实现中华民族伟大复兴的中国梦充满信心。但也有个别学生认为坚持党的领导不能等同于坚定马克思主义信仰。他们把马克思主义信仰狭隘地理解为课堂上的马克思主义理论课程，对空洞说教的理论课有抵触情绪，所以他们把马克思主义理论学习与死记硬背的考试挂钩，并没有将马克思主义运用到实践中，没有从内心深处坚持对马克思主义信仰的追求。

（2）部分学生思想多元化，对信仰持将信将疑态度

社会的多元化使得学生的思想和价值观呈现多元发展。很多学生个性求新求异，思想不受束缚，喜欢无拘无束，不受纪律约束。对于社会上鱼龙混杂、不讲信用、缺乏诚信的不良现象，学生的辨别能力还不够。部分学生对信仰持将信将疑的态度，甚至个别学生认为信仰是虚无缥缈的，不能带来直接的经济利益，没有必要拥有信仰。没有信仰追求的学生注定是空虚的，他们会浑浑噩噩地度过在校的每一天。

（3）部分学生以自我为中心，功利心较重

一些"90后""00后"的学生从小生活在父母的溺爱之中，一味地索取，总是以自我为中心，嘴上总是挂着"我想""我要"，很少想到为父母、为社会做些什么。他们只关心自己的目标是否实现，很少关注社会的需要，所以缺乏社会责任心。

另外，一些学生受社会不良风气影响，将社会上的一套恶习也带到高职院校中，由此出现了入党前或者进学生会前请客吃饭拉选票的现象。部分学生为人处世也带有社会不良风气，有的学生只结交对自己有用的"朋友"，有的学生奉行所谓"中庸之道"、做不得罪人的"老好人"，还有的学生上学就是为了最后的一纸文凭。这样的学生功利心越来越重。

（4）部分学生诚信意识下降，奉献意识欠缺

"诚信"是中华民族的传统美德，部分学生中依然存在不诚信的现象。考试作弊、个人材料作假、工作履历造假等现象说明学生诚信意识有所下降。学生诚信与社会风气、社会诚信度有着紧密联系，一些学生的价值评判标准趋于务实，带有明显的功利色彩。

在和平年代，何为奉献精神？忠于自己的工作岗位，为国家的发展出一份力，在他人需要帮助的时候伸出援助之手，这就是奉献精神。但部分学生欠缺奉献意识，过于计较个人得失，贪图自己的利益享受，不愿为社会和他人奉献一点光和热。

2. 部分学生信仰缺失的原因分析

（1）信仰教育的滞后

第一，没有真正确定"以人为本"的主体理念。信仰教育是主体自觉自发的行为，核心是主体人，这里的"主体"应该是学生。传统的道德教育主体是教师，教师将规则或者政治权威灌输给学生，学生被动地接受道德教育，这个过程很容易产生教师的灌输和学生的逆反之间的矛盾。信仰教育要真正确定以学生为教育主体的理念，从学生的需要出发，联系学生的实际生活。

第二，部分教师的教育理念滞后。部分教师的教育理念还停留在简单粗暴地灌输道德知识这个层次，很少关注学生的兴趣爱好，缺少人文关怀。信仰教育要运用新的教育理念，以学生为教育主体，关注学生的需要，教育内容要符合学生的年龄和个性特征，培养学生的创新能力、公民意识和综合素质，打造适合学生的多样化和个性化的价值观教育，真正触及学生的内心世界。

（2）不良社会风气对学生的思想影响

当前一些不良社会风气对学生的理想信念和精神追求产生了负面影响。少数学生信奉"学门好技能，不如有个好爸爸""宁可在宝马车里哭，不愿在自行车上笑""人不为己，天诛地灭"等错误的人生信念，因此，做事前必衡量一下个人得失；有的学

生受拜金主义影响，追求名牌和奢侈品；有的学生只想到自己，不顾集体；还有的学生思想偏激，只看到社会的阴暗面。这些不良风气像洪水猛兽，冲击着高职院校的纯净，扭曲了部分学生的价值观。

（3）社会文化的多元化对校园文化的影响

现在文化正处于多元发展时期，主流文化和非主流文化、先进文化和腐朽文化都并存于校园文化中。高职院校的学生中有不少还处于心智不成熟阶段，他们缺乏辨别糟粕文化的能力，难免遭遇文化认同危机。有部分学生推崇西方文化中的个人至上思想。虽然大部分学生接受了体现民族精神、正能量的主流校园文化，但缺少践行的主动性。所以，我们要精选优质文化，将马克思主义与中华优秀传统文化相结合，打造具有全面实践性、充满正能量的主流校园文化。

（4）社会价值取向对学生价值观的影响

社会上暴露出一些不良现象，如个人拜金主义抬头、自私自利之风蔓延、社会公信力下降等。随着中西方文化的交融和碰撞，传承了几千年的我国传统道德标准受到了一些挑战。如大家熟悉的"富二代"飙车、"官二代"拼爹、"星二代"吸毒、"我爸是李刚"、彭宇案等，体现了当前社会中一定程度存在着道德败坏的现象。这些不文明、不道德的行为影响了心智不成熟的学生的价值取向。

3. 学生信仰教育的举措

（1）确立以人为本的教育理念，注重人文关怀

首先，坚持以人为本是信仰教育的内在要求。传统教育因为方法简单、内容单一和价值取向整齐划一而受到很多人的质疑。它忽视了受教育者的主体地位，剥夺了受教育者参与体验内化为道德的权利。如果忽略受教育者的多样性，采取单一的教育方式教育不同的个体，无疑是达不到良好教育效果的。在信仰教育过程中贯彻以人为本的教育理念，是教育的内在需要和基本规律。

其次，坚持以人为本的教育理念能够优化师生关系，促进师生共和谐。学生都是有思想的鲜活的个体，特别是"90后"，极富个性，又极其敏感，渴望得到老师的重视。教师在进行社会主义核心价值观教育的过程中，要尊重学生的主体地位和主体意识，真正了解学生的所思所想，关心学生的需求，多给予学生一些人文关怀，建立民主、平等、和谐的师生关系。

(2) 走进生活，体验价值

学生只有在实践过程中才能真正领会到信仰的意义。美国教育家杜威曾有句经典名言：教育即生活。因此，高职院校的信仰教育要坚持"三贴近"原则，回归生活，教育要走进学生的生活世界，而不是虚无缥缈的空中楼阁。信仰教育只有"接地气"，才能真正触及学生的灵魂世界，培养他们健全的人格，从而达到教育目的。

(3) 加强学科教学，注重教师素质的提升

信仰教育离不开教育和教学，目前学科教学是我们进行信仰教育的主阵地。这里的学科教学不是专指思政课教师的教学，还包括其他学科教师的教学和班主任教育等。我们的教师在学科教学时要转变思维模式，不单单教给学生知识，还要注意开发学生的多元智能，对他们进行理想信念和价值观教育。信仰教育不仅仅是党团总支的责任，也不仅仅是思政课教师的任务。教育的灵魂影响作用是全面的作用，它不是某一个教师、某一门学科的功劳。教师队伍在教育中起主导作用，所以我们要注重教师整体素质的提升，这样才能起到"灵魂撼动灵魂"的作用。

(4) 繁荣校园文化，发挥隐性作用

高职院校是实施信仰教育的重要场所。课堂教学起着显性作用，校园文化则发挥着隐性作用。在校期间的学生无时无刻不沉浸在校园文化氛围中，校园文化发挥着潜移默化的功能。优质的校园文化有利于学生健康成长，助其构建健康的人格。学生发展关键是就业，现在用人单位招聘不光看成绩和技能，更看重勤奋

忠诚的工作态度、与人合作的团队精神和富于创新的工作能力。优质的校园文化能激发学生的创新意识，培养学生的创新能力。所以我们要大力开展校园文化活动，提升校园文化品位，提高学生的创新能力和综合素质，更好地激发校园文化的育人功能。

第三节　立德树人对思政教师的要求

2019年3月18日，习近平总书记在学校思想政治理论课教师座谈会上特别强调办好思想政治理论课关键在教师，最大限度地将教师的积极性、主动性、创造性发挥出来是办好思想政治理论课的关键。思政教师该怎样为学生的心灵"埋下真善美的种子"，又怎样指引学生"扣好人生的第一粒扣子"呢？将习近平总书记送给思政教师的"六要"准则贯彻到思政课堂教学中，有以下几点措施。

一、思政课教师要想把思政课讲透，政治要强

让有信仰的人来讲信仰是思政课教师的首要标准。一个对社会主义和共产主义有坚定信仰的教师才能将他的信仰传授给学生。青少年正处于成长成才的关键期，这是人生观、世界观和价值观的孕育成型期，需要正确的引导和精心的呵护。我们办中国特色社会主义教育，就要理直气壮地开展好思政课。防止青少年有理想信念的"缺钙症"和"软骨病"，我们要将思政课讲准讲透彻，培养学生对社会主义和共产主义的坚定信仰和追求。

思政课教师政治要强。第一，要牢记"四个意识"，增强"四个自信"。牢记"四个意识"，始终对党绝对忠诚，将其落实在行动上和岗位上。要更加自觉地增强"四个自信"，保持政治定力，要明白思政课教师肩负的重任。只有将学生教育好，才不辜负党和人民对我们思政课教师的期望。第二，思政课教师要加强政治修为，夯实理论，不断提高各方面的素养。党员教师要将

教书育人和科研能力相结合，将政治理论落实到行动中。非党员教师要努力增强政治修为，全面提升自身各方面的能力，并积极向党组织靠拢。第三，思政课教师要对中国共产党拥有坚定的信仰，在大是大非问题上保持清醒的头脑。广大教师在学生出现信仰危机时，要敢亮剑，对学生进行政治教育。

二、思政课教师要想把思政课讲好，情怀要深

思政课教师要有胸怀家国、兼济天下的情怀，才能将思政课讲准讲好。我们不能做时代的"围观者"和"冷漠者"，要有培养社会主义接班人和民族复兴筑梦人的责任意识。有人认为现在不少"00后"只知道沉迷于网络，根本不关心现实社会，持这种观点的人只看到表面，没有去关注"00后"的内心世界。作为思政课的一线教师，笔者认为现在的"95后""00后"比以往任何时候都更加关注课堂之外、书本之外的世界，他们渴求了解外面的世界。这个时期的学生看待社会现象还不是那么全面，所以需要教师适时加以引导，培养他们正确的三观。

思政课教师情怀要深。第一，教师自己要做到对社会和时代抱有高度的热情，不能"冷眼看世界"。教师在传授知识时，不能照本宣科，要结合书本之外的精彩内容，当然这些内容需要是学生感兴趣的，所以教师课前要"备学生"，知道学生的所思所想，这样才能和学生有共同话题。第二，要引导培养学生健康的三观。正因为学生对网络非常熟悉，所以他们对网络之外、书本之外的世界有高度的热情和无限的渴望。思政课正好具有满足他们这一好奇心的课程优势，思政课是集政治、经济、文化、社会、法律、历史于一体的学科，教师要引导学生树立健康的人生观、世界观、价值观来看待社会问题，让他们明白我们中华民族的发展历史、前进方向及经历的困难，培养学生实现民族复兴大任的责任意识。

三、思政课教师要想把思政课讲新，思维要新

面对现在的"95后""00后"大学生，思政课教学不能再采用以前的"满堂灌""填鸭式"的教学方法了。现在的大学生每天都接收铺天盖地的网络信息，思维活跃，有很多新点子，对书本知识有大胆的怀疑精神，所以今天的思政教育要具备创新思维。如果教师没有充分地准备教学工作，一味地"填鸭式"教学，难免会出现学生思绪游离于课堂之外、对本门课毫无兴趣的尴尬境地。所以，思政课教师只有与时俱进，创新思维，才能讲好思政课。

思政课教师思维要新。第一，教学理念要新。课前思政课教师要对所教学生有个全面的了解，了解他们的兴趣爱好、所学专业和思想动态，每个班的学生是不一样的，不能用同一种方法去教不一样的学生。这就要求思政课教师在了解学生的基础上，做到因材施教。第二，教学手段要新。现在的大学生对手机爱不释手，可以将手机和课堂教学相结合，这样既将学生的兴趣点拉回课堂，又有了新颖的教学手段。笔者在一线教学中，将慕课、蓝墨云课等手机 App 引入思政课堂，学生被这些新颖的教学手段深深吸引，认为思政课不再是死板的，而是有趣生动的。第三，教学方式要新。以前的思政课往往讲过多的理论，教师空泛地讲一些大道理，与学生的实际生活相隔甚远。现在要转变方式方法，要让思政课接地气，思政课教师要掏心窝子地和学生交流，以"过来人"和"知心大姐"的身份对学生进行引导，春风化雨，感化学生。

四、思政课教师要想把思政课讲活，视野要广

思政课涉及政治、经济、文化、历史、法律等多个领域，是多方面内容的集大成者，所以要想把思政课讲活，教师的视野必须要广，要高屋建瓴地看待问题。面对人生难题和时代课题，教师要从国际视野、历史视野和知识视野来分析问题，深入浅出，

纵横比较，把人生难题和时代课题讲清楚。

思政课教师视野要广。第一，要多读书，博览群书。要想视野开阔，必须涉足多领域的知识，读书是实现这一目标的捷径。思政课教师平时在备课、上课之余，应尽量抽出时间来看书。多读哲学书籍，哲学让人的思维更开阔，能用辩证唯物主义观点来分析问题；品读文学佳作，文学能启迪我们的人生，浸润我们的心灵；研读政史类书籍，了解国家大政方针和发展历史，能从纵横维度来把握问题。第二，要从多角度、多维度来分析问题。思政课教师在分析实践难题和时代课题时要从不同的角度、不同的维度出发，视野开阔，不能囿于自己狭隘的视野圈。要引导学生鉴古通今，懂得文化交流互鉴，包容不同国家、不同民族的文化。

五、思政课教师要想把思政课讲实，自律要严

思政课最终的教学目标是让学生知行合一，将理论运用到实践中，解决实际问题。所以思政课要取得实实在在的效果，教师必须做表率，做一个知行合一、表里如一、自律严格的人。要加强师德师风建设，思政课教师要严格要求自己，成为师德师风的表率，因为思政课教师肩负着新时代铸魂育人的重任，只有严格要求自己才能教育好学生。

思政课教师自律要严。第一，要做到表里如一。思政课教师要做到课上课下一致、线上线下一致，不能课上线上满嘴仁义道德、课下线下道德沦丧，不能做知行脱节、表里不一的"两面人"。不能总是批评学生沉溺于网络的厌学情绪，教师要做学生的道德榜样，发挥思政教育潜移默化的作用。第二，要发扬严于律己的精神。思政课教师只有做到老老实实做人、踏踏实实做事、兢兢业业工作，才能感染学生，让学生也能形成踏实的学风、实在的作风。不能一味地抱怨现在的学生有多浮夸、多拜金，教师应反思一下自己是否给予了学生踏实、严谨、务实风气

的引导。人们常说"德高为师",教师要对得起自己从事的这份光辉的职业。

六、思政课教师要想把思政课讲信,人格要正

在我国古代,人们就一直有成为"君子""圣贤"的人格追求。现在人们强调"三观要正"。思政课教师讲的"三观",是人生的真谛、世界的智慧、价值的追问,都是做人的道理。习近平总书记强调思政课教师自身人格要正,自己必须要"正衣冠",才能引导学生"扣好人生的扣子"。教师自己必须要追求真善美,才能给学生心灵播下真善美的种子。

思政课教师人格要正。第一,要认识自己,才能改变自我。在心理学上,人格是指一个人整体的精神面貌,是具有一定倾向性和比较稳定的心理特征的总和。人格外显在性格、气质、品德、品质、信仰、良心等方面。思政课教师首先要对自身人格有个全面的了解,发现自身的不足,并努力改变自己。第二,要不断学习、成长,提升人格魅力。思政课教师要有学无止境的心态,不能有丝毫的懈怠,要在学习成长中提升魅力。思政课是公共课,授课对象是全体学生,所以有得天独厚的优势。思政课讲的都是做人的道理,与学生的生活非常贴近。有的思政课教师能够从课堂走到学生的生活中,主动关心学生的心理需求,他们与学生走得非常近,总是受到学生的欢迎。有些思政课教师的人格魅力深深影响了学生,毕业多年的学生回忆最多的仍是他们。

在"适合的教育"理念下,新时代思政课教师要想把思政课讲透,政治要强;要想把思政课讲好,情怀要深;要想把思政课讲新,思维要新;要想把思政课讲活,视野要广;要想把思政课讲实,自律要严;要想把思政课讲信,人格要正。思政课教师只有在教学实践中运用这些教学措施,才能真正实现思政教育的创新。

第三章 立德树人背景下的高职院校思政教育体系

第一节 强化立德树人思想引领，丰富学生思政教育内容

丰富学生思想政治教育的内容，是指在坚持传统的学生思想政治教育内容的基础上，紧跟时代步伐，紧跟经济社会发展步调，紧跟党中央的政策方针，结合学生思想观念出现的新特点，对学生思想政治教育内容提出更新更高的要求。在社会主义新时代，学生思想政治教育应围绕立德树人这一根本任务，坚持德育优先，积极培育和弘扬社会主义核心价值观；坚持育人为本，加强理想信念教育；坚持全面发展，加强心理健康教育。

一、德育优先，培育和弘扬社会主义核心价值观

积极培育和弘扬社会主义核心价值观是在立德树人理念下进行学生思想政治教育的应有之义。当今中国正处于社会大变革大发展的时期，各种思想文化激烈碰撞，不可避免地使大学生群体出现了价值观念和价值取向多样化趋势。据调查，大学生价值观总体积极健康，呈现出奋发向上、崇德向善的发展态势，大学生对社会主义核心价值观的认知状况较好、认同度普遍较高、践行责任感较强，但并非尽善尽美，以下几种现象和问题值得关注：其一，部分学生存在较为严重的功利主义和享乐主义倾向；其二，学生价值观状况存在较为明显的群体差异和区域差异；其三，学生践行社会主义核心价值观的积极性还不够高。因此，如

何更好地培育和弘扬社会主义核心价值观，是新形势下进行学生思政教育亟须解决的重要课题。

培育和弘扬社会主义核心价值观，一要坚持以学生为本，利用精准化思维和大数据科技，以学生的思想实际为依据，遵循学生的认知规律，结合新时代学生的心理特征，因材施教，对症下药，增强价值观教育的针对性。二要突出实践养成，促进知行合一。高校要拓展社会实践渠道，健全社会实践平台，优化社会实践机制，让学生在实践中切身感受社会主义核心价值观的魅力，进而成为社会主义核心价值观坚定的信仰者、传播者和践行者。三要强化舆论引导，营造崇德向善的校园环境。高校宣传思想工作要坚守社会主义核心价值观，一方面以正面宣传为主，坚持正确的舆论导向；另一方面对错误思潮、消极价值观要做出有力的回击，牢牢占据舆论引导、思想引领、文化传承、服务学生的制高点。四要整合育人资源，创建多维立体的育人格局，全科、全员、全方位培育和弘扬社会主义核心价值观。

习近平总书记在党的十九大报告中指出，我们国家的教育要以培养担当民族复兴大任的时代新人为着眼点，强化教育引导、实践养成和制度保障，这就要求发挥社会主义核心价值观的引领作用，把社会主义核心价值观融入社会发展各方面，使其转化为人们的情感认同和行为习惯。高职院校对学生进行社会主义核心价值观教育时，要紧扣新时代这一背景，新时代背景也为培育和践行社会主义核心价值观提供了重要依据。

2018年两会期间，《中华人民共和国宪法修正案》将"社会主义核心价值观"写入其中，《宪法》第二十四条第二款修改后有"国家倡导社会主义核心价值观"这样的表述。《宪法》中增加"社会主义核心价值观"，可知其在新时代的重要性。如今我们迈入新时代，携手新征程，也遇到了很多的新问题，迫切需要社会主义核心价值观进行引领。因此，学校就承担起了对学生进行社会主义核心价值观教育的重担，而且学校是关键的、主要的教育场所。

1. 新时代背景下高职院校社会主义核心价值观教育内容

目前高职院校对学生进行社会主义核心价值观教育最前沿的内容是习近平新时代中国特色社会主义思想，它也是我们进行社会主义核心价值观教育总的指导思想。目前我们进行社会主义核心价值观教育的核心任务就是宣传和贯彻习近平新时代中国特色社会主义思想。习近平新时代中国特色社会主义思想是马克思主义与中国实际相结合的最新成果，也是对马列主义、毛泽东思想、邓小平理论、"三个代表"重要思想和科学发展观的再次升华。我们高职院校的当务之急就是用习近平新时代中国特色社会主义思想来指导高职院校社会主义核心价值观教育。高职院校在进行社会主义核心价值观教育的过程中要将习近平新时代中国特色社会主义思想作为指导思想，真正做到让这一思想进教材、进课堂、进头脑。

社会主义核心价值观的基本内容是富强、民主、文明、和谐、自由、平等、公正、法治、爱国、敬业、诚信、友善，这24字指导我们培育和践行社会主义核心价值观。高职院校进行社会主义核心价值观教育主要从爱国、敬业、诚信、友善等个人价值观方面着手开展。新时代背景下社会主义核心价值观教育的内涵主要是弘扬"以爱国主义为核心的民族精神以及以改革创新为核心的时代精神"。首先，习近平新时代中国特色社会主义思想背景下，高职院校学生面对不同的思想文化的冲击，应传承奋斗不息、团结统一的民族精神，把我国优秀的传统文化更好地向世人展示，以彰显我们的爱国情怀。因此，高职院校社会主义核心价值观教育的重要内容之一是弘扬"以爱国主义为核心的民族精神"。其次，习近平新时代中国特色社会主义思想呼唤"以改革创新为核心的时代精神"。时代精神中既包含求真务实精神，又包含敢于创新精神，这些精神都是新时代需要的，对于奋斗中的学生也是不可缺少的。所以，高职院校开展社会主义核心价值观教育活动的重要内容之一是弘扬"以改革创新为核心的时代精神"。

2. 新时代背景下高职院校社会主义核心价值观教育策略

首先，高职院校依据立德树人的总任务，在制定自己的人才培养方案时就要注重将社会主义核心价值观融入其中。确定培养学生的方式、培养学生的方法是教育的重中之重。高职院校应按照"勤学、修德、明辨、笃实"的要求，从细、小、实等方面入手，形成课内教学和课外实践相结合的育人平台。

"立德树人"要求教师做到德育为先，关注学生的全面发展。高职院校要把德育思想渗透到课堂教学之中，将德育课程、校园文化和实践活动三者有机结合，促进学生全面协调发展。"立德树人"还要求教师注重学生健全人格的发展，不能只关注学生的学习成绩和技能，更要关注学生的人格发展。高职院校的培育目标是高素质的技能型人才。教师要培养学生积极向上的心理品质，对学生进行人文关怀，关心学生的内心世界，打造和谐、良好的师生关系和同学关系，促进学生健全人格的形成。学校要按照"勤学、修德、明辨、笃实"的要求，从落细、落小、落实三方面入手，让学生知道如何学习、如何劳动、如何合作、如何与人打交道，最终实现立德树人。

其次，广大教师要牢记自己所承担的教书育人的使命，促进学生健康成长。习近平总书记强调教师事业是最庄严、最神圣的事业，教师承担着教书育人的责任，用自己的人格魅力感染学生，用自己高深的学术造诣激发学生的智慧之光。

社会主义核心价值观教育中起教育主导作用的是教师，目前思政课堂是我们进行社会主义核心价值观教育的主阵地。进行社会主义核心价值观教育需要全体教师参加，全员育人，既包括德育课教师教学，也包括其他学科教师教学和班主任教育等过程中的渗透。在新时代背景下，教师在教育过程中要用最前沿的教育思想武装自己，除了教给学生知识之外，还要注意对学生进行思想引导，进行理想信念和价值观教育。社会主义核心价值观教育需要全体教师的参与。做好高职院校思政工作最重要的就是高职院校要培养出一批"以德为先、德才兼备"的教师。教育的灵魂影响作用是全面的，教师要以自己的德行影响学生。教育中起主导作用的是教师，只有提升教师主体素质，才能进一步起到"润物细无声"的作用。

最后，指引学生做到"勤学、修德、明辨、笃实"。习近平总书记在五四重要讲话中勉励广大青年要"勤学、修德、明辨、笃实"。总书记提出的这 8 个字有着丰富的内容和深刻的含义。"勤学、修德、明辨、笃实"体现了认知和实践的统一，为广大青年践行社会主义核心价值观提供了前进的方向。

2014 年的五四青年节，习近平总书记在北京大学师生座谈会上强调指出，广大青年要从"勤学、修德、明辨、笃实"等方面践行社会主义核心价值观，使之成为自己在生活、学习等方面的准则。勤学，就是下得苦功夫，求得真学问。青春奉献的基础是由丰富的知识来夯实的。青年时期是人一生中学习的黄金期，要抓紧这个黄金时期勤奋学习。新时代需要学习型人才，不学就会被时代淘汰。青年人需要学习的东西很多，最重要的就是依据总书记的期望，注重把所学知识外化于行，将所学运用到实践中，形成自己的观点。广大教师应引导学生既要专攻专业知识和技能，又要关心外面的世界，学会做一个有担当的青年。修德，就是树立正确的思想，注重道德实践。当代大学生拥有较高的思想觉悟，在高校里也接受了良好的思想道德教育，理应更关注德性的修养，追求树立新时代青年良好的形象。当代青年要按照总书记的殷切希望，既要有鸿鹄之志，又要有踏实之风；既要有一颗公德心，又要有良好的私德，争取做一个对他人、对社会有用的人。明辨，就是要把握青春奋斗与奉献的航向。明辨是非能力的强弱，直接关系到一个人思想境界的高低。志存高远、积极向上的人，走人生的每一步都要三思而后行，不断自省，这样的人走入人生歧途的可能性就小一些。要做到这些，就是要按照总书记的要求，学会思考人生，不断分析人生中遇到的问题，做出正确的抉择。笃实，就是勤勤恳恳做事，踏踏实实做人。实现中华民族伟大复兴的中国梦需要当代青年努力奋斗才能变成现实。"道不可坐论，德不能空谈。"青年学生必须把艰苦的环境作为磨炼自己的机遇，创造出值得党和人民信任的成果。习近平总书记的八字箴言发人深思，青年学生应时刻铭记于心，付诸行动，用青春的臂膀扛起时代的重担，不负总书记的殷切希望。

在习近平新时代中国特色社会主义思想的引领下，高职院校要把立德树人作为教育的总任务，在人才培养的全过程中融入社会主义核心价值观教育思想，培养一批德才兼备的教师来引领学生，引导学生做到"勤学、修德、明辨、笃实"。

二、育人为本，加强理想信念教育

浇花浇根，育人育心。理想信念教育是指以促进个人健康成长和顺利成才、推动社会发展为目标，有组织、有计划、有目的地对教育对象施加影响，使他们树立正确的理想信念，自觉将个人理想信念统一到社会主导理想信念中去的社会实践活动。理想信念教育从根本上指导学生"做什么人、走什么路、为什么学"。加强理想信念教育是立德树人理念下进行大学生思政教育的内在要求。

理想信念教育在大学生成长教育中始终占据核心位置，是思想政治教育重要的内容之一，对新时代大学生思想政治素质的培养极其重要。这种重要性已成为社会共识，代表性观点有："青年的价值取向决定了未来整个社会的价值取向，而青年又处在价值观形成和确立的时期，抓好这一时期的价值观养成十分重要。人生的扣子从一开始就要扣好""大学阶段是人生各种基本观念初步形成及确立的时期，对大学生人生意识的教育，尤其是理想信念的高层引领教育非常重要""如何找准切入点，通过强化

'95后'大学生理想信念教育使之把握好理想信念这一人生的'总开关'，自觉投身全面建设社会主义现代化强国的伟大实践，是当前一项重大的时代课题"。

"大学生更要有理想信念"，尤其是对新时代大学生而言，理想信念的重要性更加突显。

邓小平说过："一定要经常教育我们的人民，尤其是我们的青年，要有理想。"人民（尤其是青年）有理想信仰，民族才有强大的希望，国家才有复兴的力量。"一定"表明党和国家始终高度重视人民尤其是青年理想信念的培育。因为青年有理想，意味着民族有未来，国家有前途。究竟是选择平淡无奇，选择苟且一生、碌碌无为，还是选择为了"诗和远方的田野"奋斗不止，确实是个人的自由和权利，本身没有对错之分，但实际上又不完全是这么回事。因为社会是人的社会，国家是人的国家，所以个人的任何选择都与这个社会和国家有着千丝万缕的联系，从某种意义上说，这种"联系"本身就是个人与社会、个人与国家关系的客观反映。要站在时代高度思考大学生理想信念的问题，比如：不仅主动思考大学生作为个人活着的自身意义，而且要思考家庭意义、社会意义等，因为这些意义代表着责任和担当；积极追问人如何活得更有意义，又能否通过"活出"自己的精彩尽可能地带动和帮助他人好好地"活着"，从而通过个人努力和善举，共同推动社会风尚向上向善；等等。这些问题既是"新时代"对"新气象""新作为"的必然呼唤，也是新时代大学生不能无视更无法回避的时代之问、青春之问。

显然，作为未来中国社会的知识精英群体，大学生的理想信念理应高于一般人的理想信念，否则无法匹配新时代大学生的身份，也有负于国家和民族的期待与重托。譬如，在讨论"生活的理想是什么"的时候，就不能仅仅满足于"告诉"大学生"生活的理想是理想的生活"这个答案，而应当在更高层面激发大学生的思考热情并点燃其思想火花。比如，引导大学生继续追问

"理想的生活"与"现实的生活"差别是什么，产生差别的原因何在？"甘于现状"和"原地踏步"显然不属于理想生活的类型，那么理想生活到底是怎样一幅生动和美好的场景？需要怎么描绘？谁来描绘？怎样才能过上"理想生活"？如何做到追求理想生活与推动社会进步协调统一？上述问题的课堂思考和师生讨论，能够帮助大学生自觉深化个人对理想信念的认知，进而不断提升大学生整体对理想信念精神境界之追求。习近平总书记说过，青年的人生之路很长，前进途中，有平川也有高山，有缓流也有险滩，有丽日也有风雨，有喜悦也有哀伤。心中有阳光，脚下有力量，为了理想能坚持、不懈怠，才能创造无愧于时代的人生。

高职院校都有共同的职责和使命，即"立德树人"。高校要将理想信念教育融入课程教学各环节、各方面，形成合力，同频共振。一是要切实发挥思想政治理论课理想信念的教育功能，运用新媒体推进教学模式改革，优化思政课内容供给，做到因时而进、因势而新。牢牢把握思政课堂的主导权与话语权，夯实大学生理想信念的理论基础。二是全面推动课程思政建设，充分挖掘专业课程所蕴含的理想信念教育元素，把家国情怀自然渗入课程方方面面，在传授课程知识的基础上引导大学生将所学到的知识和技能转化为内在德性和素养，将价值引领与知识传授紧密融合，实现润物细无声的教育效果。

2016年，习近平总书记在全国高校思想政治工作会议上指出："高校教师要坚持教育者先受教育，努力成为先进思想文化的传播者、党执政的坚定支持者，更好担起学生健康成长指导者和引路人的责任。"新媒体的迅猛发展对高校教育工作者提出了更高的要求。一是教育工作者需要把握时代的特点和习近平新时代中国特色社会主义思想的内容及深刻内涵，提高自身的政治理论素养。教育者对马克思主义真学、真懂、真信、真用，才能"以自己的火点燃别人的火"，才能做到以理服人和以情动人相结合，不断增强理想信念教育的说服力和感召力。二是教育工作者作为大学生理想信念教育的指导者，还要提升媒体素养，增强使用新媒体的意识和驾驭新媒体技术的能力。教育者只有熟练运用现代网络技术，掌握新媒体的传播规律，才能有效地对大学生进行理想信念的教育和引导，提高理想信念教育的感染力和渗透力。

进一步加强和改进当代大学生理想信念教育，改进当代大学生理想信念教育的薄弱环节，提升大学生理想信念教育的实效性迫在眉睫。新形势下加强和改进大学生理想信念教育首先要明确理想信念教育的目标，制定清晰明确、科学合理的教育目标是开展大学生理想信念教育的逻辑前提。当代大学生理想信念教育的主要目标就是确立大学生的社会主义、共产主义科学信仰和塑造大学生的集体主义道德人格。其次要深入开展党史国情教育，以及爱国、爱党、爱社会主义教育，厚植大学生家国情怀。与此同时，需进一步深化对理想信念教育的科学认识，正确处理理想性和现实性、知识性和价值性、理论性和实践性的关系。

三、全面发展，加强心理健康教育

心理健康教育是日常思想政治教育的重中之重，强化心理健康教育是增强大学生日常思政教育实效性的重要途径。在一项相关调研中，回收有效问卷 300 份。关于"您在自己有心理压力时，会如何应对"（最多选两项）的问题，选择"寻求心理咨询"的有 75 人，占总人数的 25%；选择"通过网络倾诉"的有 85 人，占总人数的 28.33%；选择"通过吸烟、喝酒、吃东西等来发泄"的有 45 人，占总人数的 15%；选择"向亲戚、朋友、同学倾诉"的有 185 人，占总人数的 61.67%；选择"闷在自己心里忍受"的有 95 人，占总人数的 31.67%；选择"其他"的有 42 人，占总人数的 14%。学生有心理压力时的应对方式统计见图 3-1①。

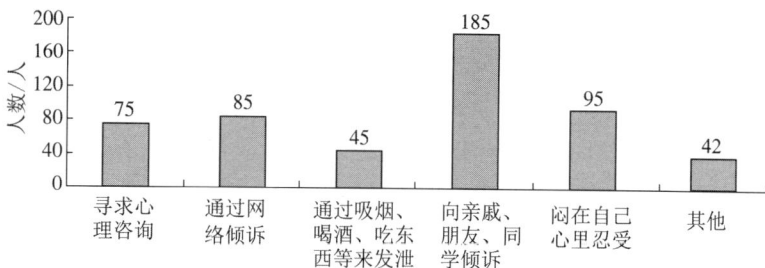

图 3-1　学生有心理压力时的应对方式

该调查数据显示，参与调查的大学生中只有 25% 的学生有心理压力时会选择寻求心理咨询。这反映出部分高校的心理健康教育工作仍然存在盲区，不能完全发挥出心理健康教育的育人效果。

心理健康教育是指利用心理学的教育方法和手段，根据学生生理和心理发展的规律及特点，培养学生良好的心理素质，进而促进学生整体素质的全面提高。目前，大学生心理健康已经成为大学生思政工作者关注的重要问题。据调查，目前大学生在学习、人际关系和情感方面普遍存在心理健康问题，70%以上的大学生存在发展性心理问题。具体表现为学习压力大、学习动力不足、学习目的不明确、学习动机功利化、人际关系不适、社交不良及个体心灵闭锁等问题。切实有效地对大学生进行心理健康教育是高校实现立德树人根本任务的现实要求。

加强大学生心理健康教育，首先要充分认识到大学生心理健康教育的必要性。大学阶段是大学生心理开始走向成熟的重要阶段，也是心理变化最为激烈的时期，同时还是心理发展的困惑期，再加上自费上学、自主择业、竞争就业等问题，这些都加剧

---

① 王艳艳. 立德树人理念下大学生思想政治教育研究 [D]. 太原：山西财经大学，2019：43.

了大学生的心理压力，导致心理健康问题的产生。其次，高校要积极开设大学生心理健康教育课程，使大学生通过课程学习掌握心理健康的基本理论知识和调节心理健康的基本技能技巧。另外，高校要健全心理咨询机构，规范心理咨询的内容和流程，丰富心理咨询的形式，加大对心理咨询机构的宣传力度，提高学生对心理咨询工作的认知度、参与度和接受度。同时，高校要在发展性原则、系统性原则、人本性原则和科学性原则的指导下构建学生心理健康教育体系，以代替传统的矫治性的教育系统，从而促进大学生心理健康教育的良性发展。

心理健康教育可以利用思政教育的方法或渠道，采用相似的教育手段来促进心理健康教育与思政教育之间的融合互通。在实际教学的过程中，两项教育工作可以相互借鉴经验，通过分析和整合开辟出更多教育路径，同时创新更多教育方法。一方面，要对这两项工作的工作体制进行完善和健全，主要包括教育指导、咨询自助等多个方面，使两项教育工作不论在课内还是在课外都得到有效融合，并在教育渠道和指导方法上相互借鉴，从而实现二者的共同发展和进步。另一方面，可以在心理健康教育课堂和思政教育课堂中向大学生传授各种思政教育理论知识，包括法律基础、思想政治、哲学理论和道德修养等，然后将两类课堂结合在一起，增加各类实践活动，在实践活动中运用这些理论知识提升学生的思想品质，改善学生的心理状态。例如，高职院校可以组织学生实地参观各个行业，了解行业的发展现状、企业文化、岗位工作内容及工作要求等，通过切实的体验提升学生对工作岗位的认识，使学生将个人道德和职业道德结合在一起。同时，学习和观看他人辛勤工作的日常，可以使学生养成爱岗敬业、积极乐观和创新发展的精神品质，有助于改善学生的心理状态；可以使学生对未来的工作和奋斗有一定的心理准备，有利于学生制订更加完善、合理的人生规划和职业规划，进而满足培养高素质人才的要求。此外，高职院校也可以邀请专家学者或专业人士到校园中开展讲座等活动，这样既可以向学生普及各种心理学知识，也可以与学生分享人生经验，有利于学生的成长与发展。在教学过程中，可以多组织学生开展小组辩论、讨论等活动，激发学生对学习心理健康知识、思政理论知识的兴趣，使学生认识到保持心理健康、树立正确的思想观念的重要性，并不断地提升自我、完善自我。

心理健康教育和思政教育之间的关系十分密切，虽然两项教育内容、方法和目标各有自己的特点，但同时也有一定的关联。为了促进两项教育内容的有机融合，可以从教育资源和渠道等方面着手，采取资源共享和渠道互补的方式，使两项教育工作相互弥补和渗透。教育团队之间也可以相互配合，积极分享自己的教育经验和心得，并在此基础上不断创新和改进，促进思政教育和心理健康教育的发展。例如，可以在思政教育中加入心理咨询的内容，将心理咨询的技术、理论知识等应用在思政教育工作中，通过感化学生心灵的方式加深与学生的交流和沟通，使学生更容易接受教师的引导和帮助。在课堂教学过程中，教师可以为学生创设心理咨询的情境，为学生营造相应的咨询氛围。学生可以将自己遇到的问题和困难分享出来，教师可采用专业的技巧和手段来引导学生、开解学生，从而改善学生的心理状态。在对学生进行心理辅导的过程中，教师也可以利用思政教育的内容和方法，通过劝说、榜样示范等教育方法来改善学生的心理状态，对学生可能出现的心理问题进行有效的预防，确保学生身心的健康成长。

1. 把握心理健康教育的内涵和目标

心理学家认为，心理健康是两个层面的，一个层面是负面情绪的减少，另一个层面是积极情绪的增加。心理健康教育，是要培养学生的良好心理品质，提高学生的幸福感。当前高职院校的心理健康教育过于侧重消除学生的心理问题，而忽略了积极层面，在后续的教育过程中，应当进一步重视积极层面，这将对学生的个人发展有更加重要的意义。一方面，心理学认为积极的心理能够让学生得到更加全面均衡的发展，也能够让学生更好地抵御负面情绪。如果心理能够更加积极，学生就能够更好地承担起自身的责任，获得更好的成长，激发自身潜能，成为心理健康、富有责任感的人，在遇到负面情绪时就能够更好地调节自我。另一方面，心理学认为积极的心理能够减少负面情绪的产生。任何一种负面情绪的产生都有一个过程，通常是由一件事引起，然后情绪慢慢叠加，最终爆发。如果学生能够具备积极的心理，在遇到困难或挫折时便能积极主动地去解决问题，再加上外界良好的心理辅导，就能够很快地脱离困境，避免问题的产生。高职院校可以组织心理教师和学生等学习心理学史，了解心理学的发展历程和重要人物的思想，加深对心理学的正确认知。

2. 丰富心理教育的内容

当前中职、高职院校心理健康教育更多的是以一个心理问题为开端，然后探讨这一心理问题产生的原因是什么，阐述如何去解决和克服这一问题，通过讨论让学生更好地了解心理健康教育。但这一教育方式和教育内容过于单一和片面，并不能够让心理健康教育真正落到实处，所以必须拓展心理健康教育的内容。比如，在"做情绪的主人"心理健康课上，教师可以让学生联系自身实际，探讨"做""情绪""主人"中含有的积极的思维活动或者情绪情感体验，进而提高自信，增加积极情绪；在"向快乐与幸福出发"心理健康课上，教师可以借助学生的小组讨论，与学生一起探讨"快乐""幸福"的含义，帮助学生培养良好的习惯和积极的人格，学会分享，进而更好地影响到其他人。

3. 开展三个层面的心理教育

第一个层面，着手于主观层面的积极体验。积极的心理体验主要包括兴趣、爱好、自尊等，不仅能够让人们在心理上感受到幸福，同时还能够让人们积极地憧憬未来。积极的心理体验也能够增强学生克服困难和挫折的能力，提高正能量。第二个层面，着手于人格特质，培养积极的人格。积极心理学认为，人类有自我决定性、智慧、乐观、善良等24种积极的人格特质，其中最为重要的是自我决定性和乐观。自我决定性是指能够对个人的成长和发展做出决定，选择适合个人成长的道路，并且坚持不懈。乐观是指在面对困难和挫折时能够保持积极阳光的心态。这两种人格特质能够让学生在人生的道路上走得更远，更好地应对压力，适应环境。所以要加强健康人格的培养，心理健康教育工作人员必须积极探索多种方式，加强对学生健康人格的塑造和培养。第三个层面，着手于群体水平，营造积极组织支持系统。任何一个个体的发展，都会受到外在环境的影响。为了让学生更好地成长，必须营造良好的组织支持系统。对于家庭来说，要营造温馨、健康的家庭氛围，给予学生更多的关心和爱护；对于高职院校而言，要打造阳光校园，营造良好的居住和学习环境；对于社会而言，要给予学生多一些帮助和支持，让学生能够得到更好的发展。比如，在阅读《人性能达到的境界》一书中的相关内容时，可以让学生跟着作者的思路思考文章中提出的每个人都可能存在的问题，通过思考和阅读作者的答案，加深对个人成长、人性、生活态度、生命意义的理解，从而更好地启迪自我。

4. 上好心理健康课

首先，要营造良好的上课氛围，改变传统的以教师为主的上课模式，在课堂中根据学生的心理特点，以聊天的方式加入一些心理小游戏、小测验，让学生轻松、和谐地参与其中，一起分析、讨论，最后教师归纳、总结活动的启示和教育。比如在"敏感的性心理话题"一课中，通过"换水"的小活动，学生可以开心地选择一种自己喜欢的颜色，愉快地和身边同学进行多次交换，可以在教室里来回走动，还可以说说笑笑，然后通过观察自己杯中水的颜色变化思考自己内心的感受，进而更深层次地挖掘活动的收获和启示。其次，要对课程设计进行科学、合理的规划，要遵循学生的年龄特点、个性差异、心理需要，结合不同班级学生的实际情况，合理安排课程。心理健康教育不是阶段性的，而是永久性的，因为心理是伴随人的一生的。心理健康教育要培养学生自主学习的能力，帮助学生实现助人自助，这也是心理健康教育的最终目标。学生在今后的工作或生活中如果遇到心理问题，也能够及时通过适当的方法和对自己有益的途径，提高自己适应环境的能力。

第二节　思政课程与课程思政同向同行

高职院校各类课程与思想政治理论课同向同行育人，既包括方向上的同向，也包括行动上的同行。

同向，即指导思想和目标方向一致。

在指导思想上，即坚持马克思主义的指导地位。作为所有专业学生的公共必修课，思想政治理论课本身具有鲜明的政治属性，内含马克思主义的价值意蕴，承担着树立高校马克思主义理论价值标杆的重要职责。其他各类课程承担不同的教学职责，各科教师应自觉坚持马克思主义的价值理念，在教学过程中贯穿马克思主义的立场、观点和方法，渗透马克思主义中国化最新理论成果。

在目标方向上，应坚持培育德智体美劳全面发展的人才导向。所有课程都要有效地将知识教育与价值教育、科学文化素质培养和思想政治素养培育相结合，指向人的德智体美劳全面发展。

同行，指德智并举和德业融合同进。

通识课程坚持德智并举。一方面，要发挥通识课程在大学生思想政治教育中的知识奠基和学科支撑作用；另一方面，要坚持通识课程价值教育与知识教育的统一、学术性与意识形态性的统一，既要汲取丰富的科学智慧和人文知识，又要学习其中所倡导的政治意识观念，领会其中蕴含的价值取向。

专业课程坚持德业融合。一方面，每门专业课都有其特定的文化背景，要结合课程属性和特点，从不同角度挖掘其历史文化渊源具有的社会文化价值、现实发展意义和伦理道德价值等；另一方面，要在专业知识讲授过程当中讲出哲学、讲出历史、讲出社会、讲出思想、讲出精神、讲出价值、讲出方法论，使学生从专业课程的学习中获得深刻的人生感悟，更加热爱自己将要从事的事业。

"课程思政"的实质不是一门课，也不是一项活动，而是以课程为载体，以思政教育为灵魂，将思想政治教育融入课程教学，即让所有课都上出"思政味"，实现立德树人润物无声。它是高职院校隐性育人的一部分。

习近平总书记在2016年12月召开的全国高校思想政治工作会议上对新时代思政课程和课程思政提出了明确的要求："思想政治理论课要坚持在改进中加强，提升思想政治教育的亲和力和针对性，满足学生成长发展需求和期待。"其他各门课都要守好一段渠、种好责任田，与思想政治理论课同向同行，形成协同效应。

在立德树人和新课程改革背景下，课程教学的方法变革成为我们新的关注焦点。在课程教学过程中渗透思政教育目标，以促进课程教学本身的发展，拓展课程教学的内涵和功能，同时实现新课改提出的在课程教学中关注学生的情感、态度和价值观的重要目标，这将成为教育教学改革的方向和趋势。国内有很多学者对这一论题进行了研究，其中不少研究成果不失为一笔宝贵的财富，给了笔者很多的灵感。

一、有关课程思政的分析与评价

关于课程思政这个概念，有学者（袁杰）是这样下定义的：课程思政更多指的是隐性教育，在专业知识传授中自然而然融入"思政元素"育人，达到一种春风化雨、如盐在水、润物无声的教育效果。课程思政，大力倡导专业课教师利用隐性教育方式方法去感染学生，塑造学生的价值观①。从这个定义中我们可以看出，课程思政反对灌输、说教，这符合立德树人的要求。高职院校思政教育不应死守着思政理论课这条途径，而应更好地发挥课程思政的作用，将课程知识和道德知识相结合，在传授课程知识的同时糅合道德知识，提高学生的道德修养。

也有学者（哈艳秋）指出，课程思政是思政教育工作的主要渠道，要求全体任课教师充分发挥思想政治、语文、数学、美术、自然等学科的主渠道作用，对学生进行分层次、成系统的马列主义基本理论和中国特色社会主义理论教育；进行以近、现代史和基本国情为主要内容的爱国主义教育，让学生了解中华民族的文明史、灾难史、斗争史的建设发展史等②。这也说明高职院校思政教育已经把课程思政作为主要的理念，并用这种理念来指导思政教育改革工作。立德树人要求学生德智体美劳全面发展，所以在发展学生智育的同时，还要发展学生的道德情感。习近平总书记在2018年9月10日教师节时提出："坚持中国特色社会主义教育发展道路，培养德智体美劳全面发展的社会主义建设者和接班人。"为了适应立德树人的要求，我们进行了课程改革，在新课改方案出台后，教师在进行学科教学时要充分发挥各学科优势，挖掘其中的思政教育情感资源。

在高职院校思政教育中，"渗透说"的影响是最为久远的，也是最为流行的。在日常教学中，大家习惯"思政教育渗透"一词，很多人也就用这个词来代替"思政教育灌输"这个具有否定意味的词语。但也有学者（王如才）认为，"渗透说"存在

---

① 袁杰. 高校课程思政建设探讨 [J]. 西南林业大学学报（社会科学），2021 (1)：14-19.

② 哈艳秋. 学科教学是德育渗透的主渠道 [J]. 牡丹江教育学院学报，2005 (3)：59-60.

一定的弊端：灌输也好，渗透也好，都是站在教育者的角度观察的，其根本错误在于仍然将学生当作接受道德的客体，而没有当作主体，更没有当作道德发现与建构的主体①。所以，思政教育"渗透说"不能反映高职院校思政教育的本质要求，会导致教书与育人被人为分离的严重现象。可见在进行渗透教学时教师起着主导、关键的作用，"渗透说"对教师的素质提出了非常高的要求。因为"渗透说"是站在教师的角度来考虑问题的，所以教师起着关键的作用。不少教师在认识上把学科教学应有的育人任务当作额外负担，在方法上暴露出种种形式主义、贴标签式的课程思政教育"渗透"。再加上分数制约机制的作用和影响，学科教学的育人作用长期未能得到重视，高职院校道德教育未能发挥其应有的育人功能。因此有人认为教师要牢固树立育人为本的思想，认真贯彻落实教育法律法规，以高尚的情操引导学生全面发展。教师要树立以人为本的教育理念，关注学生人文素养的全面提高。教师要树立可持续发展的理念，努力创设和谐融洽的学习氛围，促进学生的全面发展。教师要改变机械的行为训练的做法，改变把规范、条例当作知识向学生灌输的传统做法。应充分发挥学生的思政教育主体性，培养他们对现实道德问题的分析、判断能力，以及对规范的选择、创造能力。思政教育不仅是外加的"渗透"，而且是过程中的"互融内生"。

二、课程思政作为高职院校思政教育主要理念的合理性分析

高职院校以教学工作为中心。课程思政是高职院校思政教育工作的一个重要组成部分。德国教育家赫尔巴特做了"教育性的教学"和"教学性的教育"的理论概括：教学如果没有道德，就是一种没有目的的教育；道德教育如果没有教学，就是失去手

---

① 王如才. 主体体验：创新教育的德育原理［M］. 济南：山东教育出版社，2004：135.

段的教育。苏联教育家加里宁也指出：教师任何时候都不能忘记，自己不单单是一个传授知识的教师，而应是一个教育家，是人类灵魂的工程师。这个工程师通过教学活动在学生心灵上精心施工，目的在于培养学生的道德觉悟。

立德树人要求向学生传递真善美的情感，教师在进行教学时不能人为地将这三种情感分离，要将真善美融为一体地教给学生。真善美三因素是融合在一起的，你中有我，我中有你，所以课程中都渗透着思政教育，思政教育又分散在各学科之中。因此，在教育中要突出课程教学的共同追求：掌握知识与能力，关注过程与方法，形成情感、态度和价值观。有学者（王如才）认为，学习过程中的"情感"，不仅仅指学习兴趣、学习热情和学习动机，更是指内心体验和心灵世界的丰富。学习过程中的"态度"不仅仅指学习态度和学习责任，更是指乐观的生活态度、求实的科学态度和宽容的人生态度。所谓"价值观"不仅强调个人的价值，也强调个人价值和社会价值的统一；不仅强调人类的价值，也强调人类价值与社会价值的统一，从而使学生从内心深处确立起对真善美的追求，以及人与自然和谐发展的理念①。在课程教学中渗透思政教育是重视培育学生情感、态度、价值观的体现。在教学实践上，有人认为应试教育强调认知，而立德树人重视情感，在进行课程教学的同时更要注重对学生情感的熏陶。

在立德树人背景下，教学过程和教材内容都具有道德情感性。有人认为，教学过程是教师有目的、有计划地引导学生掌握文化科学知识和基本技能，发展学生认识能力，帮助学生逐步形成辩证唯物主义世界观和共产主义道德品质的过程；在这一过程中，教师在向学生传授科学知识、培养学生认知能力的同时，必

---

① 王如才．主体体验：创新教育的德育原理［M］．济南：山东教育出版社，2004：134．

将影响学生思想、品质、意志、性格的发展。在高职院校教育中，课程教学所占时间最多、最长，对学生影响也就最大，教师在引导学生认识客观世界的同时，也培养着学生对客观世界的观点和态度，影响着学生思想品德和世界观的形成。因此，在教学过程中，教师以智育人，才能满足社会发展对人才的需要；以思政育人，才能适应我国的社会政治经济制度对人才提出的要求。另外，根据我国的教育方针、教育目的及任务所编写的学科教材，其内容是根据马克思主义的立场、观点和方法选择与组织的，注意了教材的思想和政治倾向，将教学大纲和教科书里的有关知识同我国社会主义现代化的现实和长远目标联系起来。因此，学科教材本身就是科学性和思想性的统一。

课程教学的主要任务是传授科学文化知识，发展学生的智力，传播真理，体现的是一种科学精神，最终目的是求"真"，回答"是什么""为什么"等问题。道德教育关注人的内心世界，体现的是一种人文精神，为了追求"善"，解决"该怎样""能怎样"等问题。科学精神和人文精神代表人类认识世界的两种基本方法，正如鸟之双翼，不可分割。但是一些高职院校在进行思政教育时却往往忽视了人文关怀，割裂了真和善的关系。课程教学中的思政教育犹如生活中的"盐和汤"，没有人会否认盐的重要性，但是给每人发 15 克盐，请大家直接吃盐，相信是没人爱吃的。联想到高职院校的教育现状，的确存在"盐"和"汤"分离的现象，这个是思政教育，那个是智育，分得很清楚。于是，要么单吃"盐"，要么单喝无盐的"汤"，结果或者难以下咽，或者淡而无味。

道德素质是人的根本素质，思政理论课主要是培养人的道德素质。其他学科之中也包含有道德内涵，含有道德因素、道德价值。课程教学要体现道德价值，就必须将思政教育渗透其中。立德树人就是为了发展人的整体素质，立德树人背景下的思政教育创新就是要将课程思政作为主渠道，这也是立德树人目标的体现。课程思政在思政教育中发挥着育人的作用，德智体美劳五育并举是为了人的素质的整体发展，所以要将思政教育作为一根主线贯穿到课程教学中。新课程标准在界定课程的性质时指出，课程应该使学生"形成良好的思想道德素质和科学文化素质"。在这个说法中，"思想道德素质"被放在了"科学文化素质"的前面，明确地突出了课程教学的育人功能。

三、目前"同向同行"中存在的主要问题及其原因分析

目前，思想政治教育存在"孤岛"困境，思政教育与哲学社会科学和其他专业教学"两张皮"的现象未能得到根本改变。这体现为：在教育理念上，不能正确认识知识传授与价值引领之间的关系；在队伍建设上，教师育德能力和育德意识有待提升；在人才培养上，各门课程思想政治教育资源没有得到充分挖掘；在管理机制上，多部门合力推进思想政治教育的机制体制有待进一步完善。

分析原因，具体有以下几点：

1. 部分教师的马克思主义理论素养不高

这表现为：在通识课教师队伍中存在着"思想政治理论课是跟风课"的观念。一些教师不了解马克思主义博大精深的理论体系和蕴含的文化底蕴，单纯地将其理解为意识形态的说教和国家政策精神的跟风。这就导致在认识上的错位和在实践中的无视，在教学过程中忽略马克思主义理论的教学，或者在必要的时候轻描淡写、走马观花式完成教学任务。

一些专业课教师存在着"思想政治理论课无用论"的观念。由于专业课都是教授具体的业务知识和技术技能，因此部分教师对马克思主义理论知识不甚了解，也看不到其现实价值。尤其是与就业形势严峻的现实相比，专业技能具有较强的实用性和无可比拟的优越地位，这就导致部分专业课教师在认识上漠视、在实践中忽视、在教学过程中无意识忽略思想政治理论课。

2. 各类课程缺少相互交叉渗透

各类课程守好了每段渠，却难以汇成一条流。由于具体目标不同，因此各类课程各自为政、各负其责。各科教师在各自所属教学板块完成了教学任务，但没有将学生所需要的综合知识串联融合起来，各课程之间没有有效地形成协作共振和交叉渗透。

3. 教师之间缺乏有效沟通与联动

一是各课程教师之间没有形成齐抓共管、协同合作的育人合力。例如，思政课教师只专注于讲授自己的专业课程，认为管理学生的责任在班主任或者辅导员；班主任对学生的日常生活、学习纪律进行指导管理，但缺乏与任课教师经常性的沟通交流；各专业课教师认为在课堂上完成自己的教学任务就是履职尽责了，对学生的价值取向、思想动态、学历背景和日常表现缺乏足够的了解。

二是部分任课教师在教书与育人相统一的育人职责的履行方面努力不够。思政课教师将政治教育、价值教育和道德教育放在首位，培养了学生的政治道德素质，却未深入挖掘价值理论背后蕴藏的学理依据和深厚理论渊源。通识课教师注重知识真理教育，却忽略了价值情感教育。专业课教师注重专业素质的培养，却忽略了人文素养和思想道德素质的提升。

四、课程思政建设的路径

1. 建设有"思政元素"的公共选修课

课程思政建设纲要对育人要育什么样的人、育什么内容、需要融入哪些思政元素有一个基本解释。课程思政的主要内容是：中国特色社会主义和中国梦教育、社会主义核心价值观教育、法治教育、劳动教育、心理健康教育、中华优秀传统文化教育、职业理想和职业道德教育等。要完成这些教育目标，一是靠思政课系统的理论课程教育，这是主渠道主阵地；二是靠专业课程教育的零星融入；三是靠高职院校开设公共选修课来支撑；四是靠学生自主自发去学习。思政课教育比较全面和系统，但是受教学课时和教学重点的限制，不能面面俱到，也不能系统深入地讲述，如传统文化、心理健康、职业理想、法治等专题，在"思想道德修养与法律基础"课程中有所涉及，但受学时限制，教师只能进行浅层次的讲述。按照课程思政的教育理念，要育人，一定要有一批富含思政元素的选修课程去辅助和加强。因此，学生的思政教育，除了靠思政课程，更需要以公共选修课方式开设的课程思政课来加强，形成全课程育人、全教师育人的格局。有条件的高校，应该开设党史、新中国史、改革开放史、社会主义发展史（"四史"）等思政课选修课。高校要进一步优化人文素质类选修课，打造一批有"思政元素"的公共选修课，如"法律基础""大学生心理健康""中华传统文化""职业生涯规划"等课程，要从课程开设、师资队伍、课程质量、课程考核、课程学分等方面加强建设，使其成为精彩、丰富、备受学生欢迎的公共选修课。各高校可以根据本校实际，将"四史"类思政选修课与人文素质类选修课一起开设，有倾向性地开设符合本校实际的"思政元素"选修课。如农林类院校，主要学科的研究对象是大气、水土、动植物等，是山水林田湖草生态系统，学科之间联系是非常紧密的。农林类院校可以根据自己的办学实际，打造一批有"思政元素"、有专业人文情怀、有"三农"情怀的公共选修课，如"科技史""环境史""农业史""工业史"等公共课程。这类偏向于学科史的课程，本身对专业发展有促进，又蕴藏体现深厚人文情怀的内容，兼具课程思政育人属性。

2. 建设一批课程思政精品课

课程思政课的课程性质本身是专业课。在教学过程中，要在保证专业教学水准的前提下，自然巧妙地融入思政元素，春风化雨地加入价值导向，对教师的专业知识、政治素养、教育方法和教学能力等都有很高的要求。一门好的课程思政课，是巧夺天工的方法课，也是有温情、有温度的人文课。建设课程思政精品课，第一是要深入梳理专业课教学内容，结合不同课程特点、思维方法和价值理念，深入挖掘各类课程和教学方式中蕴含的思想政治教育资源，有机融入课程教学，达到润物无声的育人效果。第二是要选拔思想政治素质过硬、教学科研能力较强、教书育人水平高超、能够把思政元素与专业课程完美结合的教师来建设课程。可在各院系精选精育 1~3 门课程，花 1~3 年时间建设一批备受学生喜爱的精品课。应探索总结不同专业开展课程思政的共性与特殊性，总结课程思政建设的经验或规律，不断优化课程思政精品课。

3. 打造课程思政教师队伍

教师是课堂教学的第一责任人，课程思政建设能否起到好的作用，关键在教师。全面推进课程思政建设，教师队伍是"主力军"，教师要发挥作用，前提是教师要具有课程思政育人意识和育人能力。只有建设一支"又专又红"的教师队伍，才能完成课程思政的教学目标。课程思政首先要求教师具有人格魅力和正确的价值取向。一名优秀的教师，不应只是教授专业知识和技能的"授业者"，还应该成为品德和价值的"传道者"。教师的人格魅力、学术涵养、师德师风及仁爱之心等本身就是最好的典范，能影响和感染学生。习近平总书记 2014 年在北京大学师生座谈会上说："教师要时刻铭记教书育人的使命，甘当人梯，甘当铺路石，以人格魅力引导学生心灵，以学术造诣开启学生的智慧之门。"习近平总书记 2014 年同北京师范大学师生代表座谈时说："老师对学生的影响，离不开老师的学识和能力，更离不开老师为人处世、于国于民、于公于私所持的价值观。一个老师如果在是非、曲直、善恶、义利、得失等方面老出问题，怎么能担起立德树人的责任？广大教师必须率先垂范、以身作则，引导和帮助学生把握好人生方向，特别是引导和帮助青少年学生扣好人生的第一粒扣子。"教师一定要有好的师德师风，要有理想信念、有道德情操、有扎实的学识、有仁爱之心，学生才会"亲其师，信其道"。师德师风建设应该是每一所高职院校常抓不懈的工作，师德师风建设只有进行时没有完成时。课程思政建设是一项系统工程，需要高校加强顶层设计，全面规划，循序渐进，以点带面地推进。教育部关于印发《高等学校课程思政建设指导纲要》的通知中对课程思政建设提出了明确指导意见。很多高校都在探索有特色的工作机制。如北京航空航天大学成立思政课程与课程思政建设工作小组，复旦大学成立课程思政与教材建设领导小组，清华大学实施"吴玉章课程思政名师工作室"建设计划。总体来看，高职院校在课程思政建设方面有以下三个方面的工作机制不可缺少：（1）高职院校层次的领导机构。要成立高职院校层次的课程思政建设工作领导小组。领导小组一般由高职院校党委书记和校长共同担任双组长，主管教学的副校长和主管思政工作的副书记共同担任双副组长，各部处和院系负责人为成员。领导小组定期开会研究或制定课程思政建设的战略目标和阶段性目标。（2）学院层次的领导机构。由书记和院长共同担任组长，各教研室主任和教学名师为成员，共同参与学院内部的课程思政建设。（3）课程思政建设辅助机构。高职院校应探索建立思政课教师与专业课教师的集体备课平台、课程思政学术沙龙、课程思政研究中心、课程思政名师工作室等教研型机构。建立辅助机构的主要目的是打破学科专业"闭门造车"，为各学科搭建课程思政建设交流合作平台，开展经常性的典型经验交流，共同探索课程思政建设规律和教书育人规律。

实现思政理论课与各类专业课程同向同行，关键要发挥教师在课堂上的思想政治教育主导性作用。

一是增强教师育德意识。"各门课程都有育人功能，所有教师都有育人职责。"对学生进行思想政治教育不仅仅是思政课教师的职责，更应成为广大教师和干部职工责无旁贷的岗位责任，特别是与学生密切联系的各任课教师的神圣职责。教师既是知识、技能的传授者，又是学生健康成长的引路人和价值观塑造的引领者，既是学业导师又是成长良师，不仅仅要传授必要的专业知识，更要引领学生树立正确的世界观、人生观和价值观。

二是提升教师思政素养。"传道者自己首先要明道、信道"，要坚持教育者先受教育，广大教师要成为先进思想文化的传播者、党执政的坚定支持者。一方面，要组织广大教师读马克思主义经典著作，实时向广大教师分发一些宣传读本，例如习近平总书记系列讲话精神读本、十九大精神辅导读本等；另一方面，要经常组织广大马克思主义理论专家和学者为教师员工解读当今马克思主义中国化理论成果，组织全体教师定期进行马克思主义理论教育培训、学习。教师只有真正了解了马克思主义的科学体系和精神实质，才会在面对纷繁复杂的社会现象时有科学的解释，才会对中国特色社会主义事业充满坚定信念，才会将学生的价值引领和思想政治素质的培育作为育人工作的核心，才会将思想政治教育作为自己的神圣使命。

三是提高教师育德能力。在思政课教学中，教师要以德立身、以德施教，将言传与身教、感染与教化相结合，既要成为价值观教育的引领者，又不能忽视真理的传授；在专业教学中，要以理服人、以德育人，将专业课程作为价值观教育的载体，以真理的力量征服人、说服人，将价值观教育贯穿于专业教育全过程，在春风化雨、润物无声中提升学生的思想政治素质和道德素质。

比如，开展十九大精神进课堂的教学竞赛；开展思想政治教育融入通识课、专业课的教学研讨、交流，以及教学案例评比和汇编；开展思想政治教育融入通识课、专业课的专题研究。

在课堂讲授中，应结合具体授课内容，适时进行马克思主义理论的渗透。

如在导游理论和实践课上，会遇到导游和游客之间难以协调的认知差异问题，教师在细致讲解导游学相关理论的同时，可以结合思政课中"物质和精神"作用和反作用的理论，结合导游和游客之间导游始终处在"矛盾的主要方面"的理论，从以理服人的视角对相关问题进行深入分析。

在学生课堂发言和小组汇报之后，教师的点评如果能在专业要求和职业素养要求的基础上加入一些思政元素，引导的效果可能更好。

如在造型设计的教学中需要使用大量黏土和卡纸等耗材，因此下课时教室里会出现纸屑和黏土废料到处都是的现象。为了帮助学生培养良好的卫生习惯，教师可以在每节课下课时对卫生状况好和不好的情况进行拍照，然后在下节课上课时给大家展示，这就给"文明观""荣辱观"等思政元素的融入搭建了平台。

课堂上介绍规章、布置作业等环节是把思政教育内容融入其中的良好时机。学校规章或班级规定是培养学生自律意识和能力的重要规范，教师应利用好介绍规章制度的时机，增强学生的纪律和规章意识。

四是提升教师的人格魅力。思想政治教育的特殊性使教师人格魅力的重要性突显，优秀教师的言谈举止本身就是德育的鲜活教材，教师的感召力本身就是先进的德育方式。

4. 深化课程改革，构建协同体系

实现由思政课程向"课程思政"的立体化课程体系转化，即将思想政治理论课一家独唱转换为通识课程、专业课程与思政课程合力育人的立体化育人格局。

一是明确三类课程的德育重点。思想政治理论课要坚持"德育为先"，深入推进习近平新时代中国特色社会主义思想进教材、进课堂、进头脑，把教育引导学生形成"四个正确认识"作为工作目标，发挥思政理论课课堂教学育人的主渠道作用；通识课要坚持"德智并重"，重在在通识教育中根植理想信念；专业课要坚持"德业融合"，在知识传授和技能培训中强调价值观的同频共振。

二是将显性教学与隐性渗透相结合。所谓显性教学，是指在思想政治理论课程内强化学生思想政治教育。所谓隐性渗透，即将价值理念细化、具体化到其他课程教学过程中，结合教学相关内容和各个环节对学生实施思想政治教育，以隐性渗透的方式开展潜移默化的熏陶教育，实现知识传授与价值引领的有机统一。

三是强化实践，提升学生综合素质。将业务技能的培养与思想道德水平的锤炼统一于丰富多样的实践活动中。通过高职院校的勤工助学、就业创业教育、专业实习、学生组织及社团活动进一步提升学生自我管理、自我教育、自我服务的能力；通过社会公益活动、志愿者活动、社会调查、生产劳动、教育基地参观等活动不断增强学生的实践操作能力、开拓创新意识和思想道德水平。

四是整合教育资源，创新方式和载体。一方面，结合高职院校实际和专业特色，组织相关学科专家与思政课教师组成团队，进行思政教育综合性课程开发的尝试。如近年来，一批"中国"系列课程在上海高校涌现：大国方略、创新中国、人文中国、智造中国、读懂中国、中国道路……这些课程不仅强化显性思政，将传统的思政课上出新面貌，而且细化隐性思政，深入发掘通识课和专业课的育人资源，以活泼的课堂组织形式、生动的案例和对国情的贴切把握，受到了学生热捧。

上海大学"大国方略"采用"2+1"师资搭配模式：1名授课者为来自非限定领域的学者、企业家及工程师，讲述个人科研感想和服务国计民生的历程；2名课程主持人负责串场、点评，把握课堂的主流方向。如此，是在"用故事说清道理，用道理赢得认同"。

另一方面，顺应信息化技术应用带来深刻变革的形势，树立互联网思维，实现思政课和专业课在新媒体新技术中的融合。"要运用新媒体新技术使工作活起来，推动思想政治工作传统优势同信息技术高度融合，增强时代感和吸引力。"如围绕"思想道德与法治"课程中"追求远大理想，坚定崇高信念"主题，可请专业课教师录制或收集一批因志存高远、做事踏实而取得突破性成果者的案例小视频；邀请专业领域的大家讲述马克思主义理论对其学习和工作产生的巨大影响，并录制成视频放至网络平台供学生了解和学习；组织微视频大赛，让学生录制本校本专业朋辈中道德高尚、精神丰富、生命饱满者的生活点滴，将优秀作品置于网络平台进行广泛传播。

5. 搭建教师间协同合作的育人平台

一是以班级为单位召开教师座谈会，由思想政治理论课教师、班主任、专业课教师代表参加，参与人员结合自身工作，座谈交流一段时期以来学生在各种场合的综合表现情况，突破狭隘学科界限和传统的单向育人观念，强化协作育人。

二是定期开展相关教师的集体备课和研讨，凝聚不同学科、不同专业的思想观点，在学术争鸣和讨论中充分挖掘各类课程中的思想政治教育资源。

三是鼓励各类课程教师走上思政工作相关岗位，从不同视角全面了解学生的素质，施以针对性教育。例如让专业课教师担任班主任，潜移默化地将专业教育与价值情感教育相结合，促进学生素质的全面提升。

习近平总书记在 2016 年的全国高校思想政治工作会议上指出："做好高校思想政治工作，要因事而化、因时而进、因势而新。要遵循思想政治工作规律，遵循教书育人规律，遵循学生成长规律，不断提高工作能力和水平。"

探寻思政教育的规律，创新思政教育的方法和途径，我们永远在路上。以下为在专业课上融入思政教育的一个案例。

数列的极限

教学目标：

1. 掌握数列极限的概念，体验极限的形成过程；

2. 会求简单数列的极限；

3. 观察运动和变化的过程，初步认识对立与统一、有限与无限、量变与质变的辩证关系，培养学生不忘初心、砥砺前行、精益求精的工匠精神。

"课程思政"教育内容：

1. 发展与运动、对立与统一、有限与无限、量变与质变；

2. 不忘初心、精益求精。

教学方法与举措：

极限思想贯穿整个数学分析过程。数列极限的思想是后续学习极限、微积分的基础。教学内容主要包括极限起源、极限定义及简单极限的求法。

1. 讨论法。带领学生讨论惠施的"截杖问题"和刘徽的"割圆术"，深刻体会对立与统一、有限与无限、量变与质变的辩证关系。

2. 讲述法。讲述极限的概念，使学生体会发展与运动的关系，感受古人精益求精的精神。

3. 辩论法。在学生之间开展探究辩论，使学生深化对概念的认知，形成初步的哲学思维。

4. 实践指导法。使学生通过例题讲解和习题练习，获得解决问题的成就感。

5. 归纳总结法。在归纳中插入"愚公移山"的故事，引申出不忘初心、砥砺前行的工匠精神。

教学实施过程：

一、预习

目标：了解"截杖问题"及"割圆术"。

　　设计意图：通过课前查阅资料，了解《庄子·天下》中的一句名言："一尺之棰，日取其半，万世不竭。"惠施无限分割的思想是我国古代极限思想的萌芽。刘徽基于惠施的无穷小的思想，采用了"割圆术"来计算圆面积。

　　不仅要让学生明白中国是最早萌生极限思想的国家，也让学生更形象具体地理解极限思想，同时激发学生的爱国热情，让学生了解数学极限的发展历程，体会数学家追求科学道路的艰辛，培养坚韧的意志，提升民族自豪感，传承科学家的奉献精神。

　　二、情境导入

　　导入1：带领学生一起分析"截杖问题"，重点体验这样的分割可以无限地进行下去。

　　导入2：带领学生一起分析"割圆术"，体验无限分割的结果就是所得多边形的周长越来越接近于圆的周长。

　　设计意图：通过对两个案例的分析，加深学生对极限的认知；同时让学生可以更好地认识多边形的周长与圆的周长之间的关系，深刻认识近似值与精确值、量变与质变、有限和无限之间的辩证关系。

　　三、归纳总结，形成概念

　　1. 提出问题，合作探究

　　当 n 无限增大时，观察下列数列的变化趋势。

　　① $1, \dfrac{1}{2}, \dfrac{1}{3}, \dfrac{1}{4} \cdots \dfrac{1}{n}$ ⋯⋯⋯⋯⋯⋯⋯ 递减 $\xrightarrow{\text{无限趋近}}$ 0

　　② $\dfrac{1}{2}, \dfrac{2}{3}, \dfrac{3}{4} \cdots \dfrac{n}{n+1}$ ⋯⋯⋯⋯⋯⋯⋯ 递增 $\xrightarrow{\text{无限趋近}}$ 1

　　③ $-1, \dfrac{1}{2}, -\dfrac{1}{3} \cdots \dfrac{(-1)^{n}}{n}$ ⋯⋯⋯ 摆动 $\xrightarrow{\text{无限趋近}}$ 0

　　设计意图：三个题目分别代表了极限数列变化的三种趋势。一是可以使学生大概了解数列极限的变化趋势，改变以往静态观察问题的思维模式，学会用动态的思维观察问题，培养学生学会用发展的眼光分析问题；二是通过合作探究学习，培养学生合作的精神。

2. 师生互评，解决问题

带领学生共同点评、分析：

（1）对学生的结论给予点评、指导、表扬；

（2）数列变化的三种趋势；

（3）数列变化的结果趋向于某一定值。

设计意图：通过对学生结论的点评、指导、表扬，可以深化学生对极限的认知，然后与学生一起进行分析和总结，让学生形成模糊的概念形态。

3. 形成概念，辨析内涵

概念：一般地，如果当项数 n 无限增大时，无穷数列 $\{a_n\}$ 的项无限地趋近于某个常数 a（即 $|a_n-a|$ 无限地接近 0），那么就说数列 $\{a_n\}$ 以 a 为极限或者说 a 是数列 $\{a_n\}$ 的极限。

概念拓展：一般地，设数列 $\{a_n\}$ 是一个无穷数列，a 是一个常数，如果对于给定的任意小的正数 ε，总存在正整数 N，使得只要正整数 $n>N$，就有 $|a_n-a|<\varepsilon$，那么就说数列 $\{a_n\}$ 以 a 为极限。

内涵辨析：

（1）每给出一个具体的 n、N 值，不管有多大，都是一个有限的数，都与无限有着本质的区别。无限的意境可以描述为"春色满园关不住，一枝红杏出墙来"。

（2）在自然数中取偶数集，其个数是自然数的一半吗？

（3）体验概念的严谨性。

设计意图：通过带领学生对概念进行深入、严谨的分析，让学生体会到数学文化的博大精深，以及数学文化与社会文化的关系。这主要包括：a. 体验数学家的严谨作风和一丝不苟的科研精神；b. 体验有限和无限的辩证关系，思考如何把有限的生命升华为无限的价值；c. 体验数列的变化趋势，明白在工作中，只有砥砺前行、精益求精，才能无限接近目标。

四、例题分析

例：请同学们先观察，再带领学生列表，共同探究。

	n 取值				
	1	10	100	365	∞
$\lim\limits_{n\to\infty}(1+0.01)^n$	1.01	1.10	2.7	37.8	∞
$\lim\limits_{n\to\infty}(1-0.01)^n$	0.99	0.90	0.37	0.03	0

设计意图：通过列表可以接近极限抽象不易掌握本质的问题，有助于学生形象地掌握极限的变化规律。

通过这两个例题，可以深刻地体现出积跬步以至千里，积懒惰以至深渊。每天努力一点点，一年之后将收获巨大的成功；而每天懒惰一点点，将会被人们远远地抛在后面。要时刻保持与时俱进，因为那些每天只比你努力一点点的人，最终会将你远远甩开。

五、分层练习，巩固创新

课本第三页，练习。

其中第 1、第 2、第 3 题由学生独立完成；第 4、第 5、第 6 题可以独立完成，也可以合作探究完成。

设计意图：分层练习是尊重学生个体、因材施教的必然选择，既可以充分调动学生的积极性、探索性，又可以增强学生勇于探索的信心和实践能力，是培养学生完整人格的重要组成部分。

六、小结

（1）数列极限的概念；

（2）概念中的三个注意点；

（3）引申出愚公移山的故事。

设计意图：数列的极限概念诠释的是永远运动、无限接近的过程。

愚公移山的故事讲述的数量表现是有限与无限之间非常形象的对比，故事主人公吃苦耐劳、持之以恒的精神也是我们需要学习的。

这样一来，教师就可以告诉学生要不忘初心，砥砺前行，精益求精，无限接近目标。

七、布置作业

学习指导用书，第二十二章第一节。

教学反思：

本教学设计由引例出发，创设情境，激发学生对数列极限的兴趣；通过对概念、例题的分析，使学生体会到数列极限的思想，学会处理数列极限的方法。

在教学过程中，应尽最大努力提高思政课堂的教学效果。

第三节　实践教学是思政教育的主导形式

社会实践是育人的重要内容和有效手段，是日常思想政治教育的重要载体，在培养学生的社会责任感和历史使命感方面发挥着重要的作用。在一项相关调研中，被问及"在不影响正常学习生活的情况下，您是否愿意参加社会实践活动"这一问题时，33%的大学生表示"非常愿意"，46%的大学生表示"比较愿意"，8%的大学生持"一般"态度，7%的大学生表示"不愿意"，6%的大学生表示"非常不愿意"（图3-2）；被问及"您参加社会实践活动的原因是什么"（最多选两项）时，选择"锻炼实践能力""提高人际交往能力""获得荣誉或学分""有利于毕业后出国留学或就业""服务社会""增长见识""其他"的人数占比分别为 43.67%、24.67%、35.33%、31.67%、24%、33%、3%（图 3-3）①。从以上数据可以看出，大部分大学生参加社会实践活动的意愿较高，但参加社会实践的动机偏功利化，服务社会的价值取向引导有待增强。

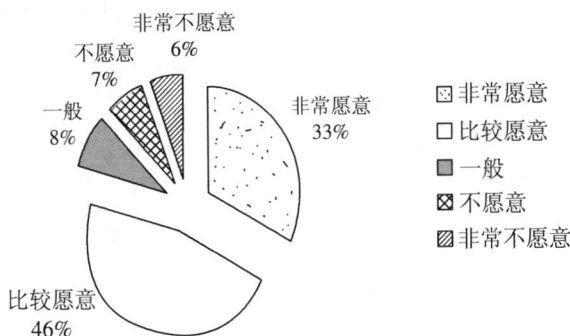

图 3-2　大学生参加社会实践活动意愿的调查统计结果

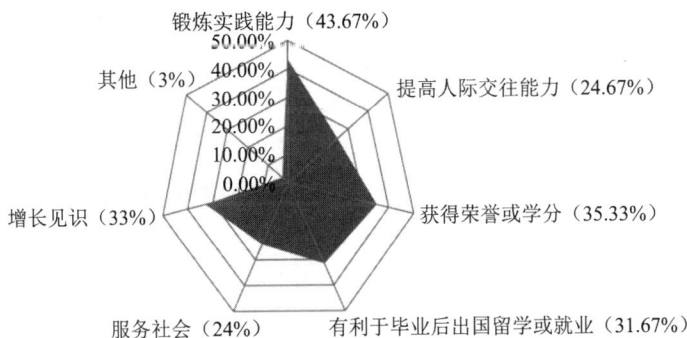

图 3-3　大学生参加社会实践活动原因的调查统计结果

① 王艳艳.立德树人理念下大学生思想政治教育研究［D］.太原：山西财经大学，2019：42.

一、生活实践是思政教育的基础

在我国，有句古训说明了实践的重要性，"纸上得来终觉浅，绝知此事要躬行"。这就是说，单纯的书本知识是难以支撑起人的素质大厦的，素质的提高需要通过实践探索，在活动中体验、感悟、发现，才能将书本知识、个人发现、感悟和实践中的问题结合起来，得到属于自己的知识，并通过在实践中的反复运用，形成属于自己的素质，进而提炼成属于自己的智慧。思政教育活动符合立德树人的要求，学生要想获得真正的知识，就必须通过实践，而活动正好为此提供了平台。实践活动是立德树人背景下的思政教育取得实效的重要方式。思政教育活动对于高职院校思政教育工作来说具有极大的价值，在培养学生的道德行为能力和激发学生的道德情感方面具有学科教育无法比拟的优势，应该成为高职院校思政教育的重要形式。

道德是人类不断提升自我价值的精神需求，它的实现必须靠人在实践活动中身体力行；不体现为行动、实践的道德是虚幻的、空洞的、口头上的①。在现实生活中，如果问问家长和老师，几乎无一例外地说："不能让孩子死啃书本，不能让他们成为书呆子，要让他们多参加一些实践活动。"可是实际生活中家长和老师们又陷入了另一种无奈的担心："让学生参加活动不影响学生的学习吗？因为参加这些活动影响了学生的分数谁负责？"其实，读书是学习，做题是学习，实践活动是更重要的学习。学习知识光靠刻板的说教是很难实现的，比如学游泳若只在岸上听理论讲解，一旦真的下水很可能被淹死。只有通过实践、体验，才能真正地获得知识。立德树人的目标之一是培养学生的动手操作能力，我们的实践活动就是适应这样的需求，培养学生的道德实践能力。

杜威提出把学校办成一个雏形社会的主张，虽然有点矫枉过

---

① 朱小蔓. 中小学德育专题 [M]. 南京：南京师范大学出版社，2002：109-110.

正，但有其合理性。应当指出学校毕竟不同于社会，拿高职院校来讲，通过高职院校思政教育实践活动的开展，加强高职院校和社会的联系是可行的。这样能克服高职院校脱离社会、理论脱离实际的弊病，有助于为学生提供丰富的社会性刺激，促进其品德发展。但是必须指出，把高职院校思政教育活动过分地"社会化"，照搬形形色色的社会生活，盲目跟风，不仅不会促进学生的品德发展，反而会引起他们思想上的混乱。所以，我们虽然提倡在实践中获得真知，要求思政教育的活动具有社会性的特征，但不能完全把高职院校等同于社会。

二、"团结就是力量"主题班会实践教学——作为实践主体的教育对象

下面以一名班主任开展的关于"团结就是力量"的主题班会为例。

目标：通过本次活动，让学生认识到团结合作的重要性，在学习生活中养成团结协作的习惯。

形式：听、看、做、想、议结合。

准备工作：多媒体影像资料、拔河绳。

会场布置：电教室，在黑板上画有关团结内容的图画——《众人拾柴火焰高》。

活动过程：

（一）故事引入

蚂蚁的智慧：有一天，蚂蚁所居住的山被大火烧着了，到处爬的蚂蚁很快地抱成一团，在火海里迅速地滚下，而且越滚越大，很多蚂蚁从山头滚到山崖，逃离火海生存了下来。

（二）播放影像资料

利用多媒体向学生展示"阳光伙伴"的比赛场景及动物集体捕食场景。

（群狼捕食野牛，一只猎豹捕食一群野马）

（三）师生游戏

首先让一个学生和老师进行拔河比赛，再让学生逐渐增加人数与老师进行比赛，直到学生拉赢为止。

（四）讨论交流

听了老师讲的故事，看了影像资料，参加拔河游戏之后，学生们分组讨论感想、体会，以及得到的启示。

（五）汇报、总结

小组选派代表汇报讨论情况，老师根据汇报情况进行总结，突出团结的重要性。激励学生谈谈学习和生活中有关团结协作的事例。

（六）情感渲染

在《团结就是力量》的歌声中结束活动。

案例分析：

案例中的班主任通过"听、看、做、想、议"结合的形式开展了既生动又富深刻教育意义的活动。一般说来，班级活动可以以班会、故事会、报告会、专题讲座、知识竞赛、演讲会、辩论会、讨论会及伦理座谈会等形式举行，也可以以歌舞表演、音乐欣赏、影剧评论、诗歌朗诵、技能竞赛、科技发明制作及展览等形式举行，还可以以旅行、参观、访问和夏令营等形式进行。活动的形式会影响教育的效果。

班主任如何开展"多样性"的班级活动呢？

班级活动要达到理想的教育目的，就必须注意活动内容、形式和组织方式的多样性。其一是活动内容的多样性。班主任开展班级活动要兼顾学生德、智、体、美、劳各方面素质的训练，使活动既有教育性，又有趣味性。活动内容应多样化，使学生都有施展的机会，心理上有成功的体验。其二是活动形式的多样化。学生喜欢求知、求新、求实、求乐，因此班级活动形式要丰富多样，富于变化。在一个活动中可以运用多种富于变化的形式，如中秋佳节，可以安排化装舞会，有歌舞表演、民间传说介绍、即兴演讲、谜语竞猜、点蜡烛、吃月饼等多种形式，让所有参加活动的学生都感受团圆，体验快乐。其三，活动的组织方式也应多样化。除了集体活动，还可以是小组活动或社团活动，甚至三五个人自由组合活动也可以。要兼顾学生的兴趣、爱好、发展需要，让活动更有实效。

班级活动开展得好，如同师生之间、生生之间共同完成了一部"作品"，可以使学生充满自豪感和荣誉感，师生关系、生生关系也能变得更融洽。

著名教育家苏霍姆林斯基说过：教师的教育意图要隐蔽在无拘无束的气氛中。寓教于乐，班主任通过开展丰富多彩的班级活动让学生在欢乐中接受教育，这样比简单的说教更能让学生心悦诚服。

在我国高等院校的日常思政教育活动中，许多活动都是"有组织"的，而有组织意味着是教师策划、安排和指导的，因此即使是十分热闹的活动也是"召之即来，来之即做，做之即散"①的，形式主义和强制的成分也占有一定比例。这是与实践活动的精神实质背道而驰的。有学者（魏贤超）认为真正的活动应当是一种发自主体内部的、自内向外的活动，是一种真正的自我教育活动②。真正的实践活动要以学生为参与的主体，每位参与者都是主角，没有烦琐的说教、陈旧的礼节，在民主平等的氛围中，学生的积极性和主动性被充分地调动起来，真正树立了学生是主体的意识，学生始终以主人翁身份参与，并有更多更深的感悟。

长期以来，我国的课程设置与教材编写遵循的是学科的逻辑，在这种基本理念指导下的课堂教学，形成的是以教材、课堂

① 戚万学，杜时忠，等. 现代德育论 [M]. 济南：山东教育出版社，1997：353.

② 魏贤超. 现代德育原理 [M]. 杭州：浙江大学出版社，1993：106-107.

和教师为中心的教学模式，教师关注的是学生掌握知识的多少、分数的高低，而不太关注学生情感发展、价值观念建构及能力提高的过程，不太关注学生的全面发展。虽然在传统思政教育中也不乏活动的开展，但是处在这种活动中的学生是相对被动的，这种活动大多无益于学生的主体性的发挥。有人将传统教学下的活动的特征归纳为两点：一是被动活动，二是片面活动。因此，传统教学意义上的活动是一种学生被动参与、观念活动与实践活动相脱离的不完整的活动，这种活动不是我们所倡导的活动教学意义上的"活动"。

美国教育家杜威说：你可以将一匹马牵到河边，但你绝不可以按着马头让它饮水。实践活动启示我们，要提高思政教育实效，最根本的是要树立学生是思政教育主体的意识。为此，我们的思政教育工作需要实现两个转变，即思政教育方法的转变和教师角色的转变①。传统教学忽视学生的主动性和创造性的发挥。道德灌输法无视学生的主体意识，将道德知识强制地教给学生，而不管学生是否愿意接受。立德树人下的思政教育要创设一定的思政教育环境和实践活动，使学生受到启示，使学生在活动中受到感染，产生共鸣。在参与实践活动时教师的角色应由原来的权威者向平等的对话者转变。以往都是教师一人说了算，说组织什么活动就组织什么活动，学生只是被动地充当一定的活动角色，在活动中也不一定能获得道德体验。立德树人背景下的思政教育活动的最大变化是师生关系的变化，它要求教师走下讲台，与学生展开平等的对话，从而使课堂出现师生互动、平等参与的生动局面。教师要在充分明确学生的学习主体地位的基础上，根据学生道德学习的兴趣和需要，为学生创设良好的参与氛围，营造一种轻松、自然、和谐、民主的教学气氛。这就要求教师充分了解

① 周春始.让体验式活动走进德育工作[J].思想政治课教学，2004（Z1）：117-118.

学生的兴趣爱好，从学生的现实生活中寻找活动的主题，保证学生参与活动的整体性。

实践活动要体现学生主体的参与，因为学生是活动的主体，没有学生主体的参与，开展活动教学只能是一句空话。因此，我们在开展活动时要以学生为主体，从学生熟悉的生活入手设计活动，缩小活动与学生之间的距离，使学生迅速融入活动，自觉主动地参与活动。应引导学生在活动中体验，在体验中感悟，在感悟中发展。不管设计哪一个层面的活动主题，都要从最基础的道德要求出发，从学生的现实道德基础出发，从学生的生活世界出发，从大量的活动素材中选择对学生道德素养形成有重要意义的活动内容，让学生在丰富多彩的活动中自主选择、自主发展，从而满足自己的道德发展需要。学生的主体作用、自身的实践活动水平是学生道德发展方向、层次的决定性因素，促进受教育者的自觉实践是道德教育的出发点和归宿，只有在道德实践中才能修养德行。

班级活动也是重要的实践活动。要提高班级活动的教育意义，必须注意其形式的多样性，以丰富多彩、生动活泼的形式来赢得学生的欢迎，调动学生参与活动、接受教育的积极性，让大家在歌声中、笑声中陶冶情操、提高认识，使班级活动有更好的思维空间和实施的可能性。班级活动是班集体建设的命脉，其根本目的是更有效地教育学生。丰富多彩的活动可以让学生快速成长。游戏、玩耍、活动是学生的天性，他们精力充沛、活泼天真、可塑性强，开展一些符合他们年龄特征的活动，费力不多却可以培养学生的兴趣爱好、良好行为习惯和道德品质，何乐而不为呢？丰富多彩的班级活动就像催化剂，让学生活泼向上，让他们充满活力和朝气，让他们享受学习和生活的乐趣。

班级活动的规模可大可小，形式一定要灵活多样。从组织的规模看，有全班、全年级乃至全校的群众性活动，有各种小组的活动，也有个人的活动。从具体的活动方式看，可根据学生的年龄特征、知识水平及学校的设备条件和指导力量等，采用多种多样的形式。可以做模型，采标本，搞社会调查，办各种展览；也可以举办演讲比赛、读书会、讲座报告会等。班主任应发动学生，设计不同类型的班级活动，使活动更具有启发性、教育性。班级活动不同于兴趣小组活动，它是全班性的活动，其主要目的是为班集体的建立和发展服务，如果活动过于陈旧、单调，就难以达到这一目的。丰富多彩的班级活动可以又快又好地解决班级出现的种种问题，同时又受学生喜爱。活动可以团结学生，使他们更加热爱班集体，关心班集体。

积极开展形式多样的班级活动，能够不断丰富学生的文化内涵，提升其心理品质。学生是活动的主体，班主任通过开展多样的班级活动引导学生学会学习，引导学生学会与同学和老师沟通，引导他们学会调节情绪；引导学生畅所欲言，让学生做主人、说真话、说实话。学生在这样的氛围中没有压抑、没有忧虑，心理压力得到释放，身心得到健康发展，增长了知识，培养了才干。

三、参观某国际连锁快餐企业门店社会实践活动——作为实践途径的道德体验

下面以一名班主任设计组织的快餐门店参观活动为例。

利用半天时间组织社会实践活动——快餐门店参观。

活动地点：快餐门店。

活动形式：8 人一组，全班一共 4 组。

活动步骤：

1. 参观快餐门店的后区、产区、服务区、仓库，经理随队讲解，使学生对快餐门店有大致了解。

2. 学习制作辣鸡腿汉堡。

3. 学习制作圆筒冰激凌。

活动主题：

让学生在喜欢的活动中，通过自己的体验和感受，明白一些道理。

活动意义：

1. 明白做好任何一件事情都要遵守规范，按规定的要求去做。

2. 明白要注重细节，细节决定成败。越是大规模的企业越是注重细节。

3. 体验快餐门店轻松愉快的工作氛围，明白加强班级外部环境、人文环境建设的重要性。作为世界五百强企业，此快餐连锁企业做任何事情都一丝不苟、严格规范。

案例中班主任组织的班级活动不仅仅是一次有意义的活动，更体现了班主任的创造性思维，在具有创造性的活动中更有利于让学生明白一些道理。

那么，班主任如何开展有创造性的班级活动呢？

1. 树立典型，激发创新

俗话说：榜样的力量是无穷的。应以创新的榜样感召学生，唤起他们的创新意识。从鲁班、张衡、爱迪生等人创造发明的事例，引导到当代院士的创造精神，点燃学生心中的创造火花，激发学生创造的欲望。要给学生一杯水，教师必须有一桶水。因而班主任要率先学习，掌握一定量的创造技法，充分利用晨会、班会和活动课时间向学生传授，结合事例讲解"加一加""减一减""变一变""联一联""代一代"等方法，使学生容易理解、接受，使学生感到创新原来并不难，关键是做有心人，善于观察，善于思考，善于通过不同方式去呈现。

2. 丰富活动，引导创新

人的创新思维是在实践过程中产生和发展的，人的创造能力是在实践中逐渐提升的。因此，创造性的培养必须通过创造性的实践来实现。

（1）开展特色活动，引导学生出新意

学生都有求新、求奇、求变、求动的特点，具有多样性和新奇性的活动才容易被他们接受。班级举办的各项活动应尽量"出其不意"，让学生感到"奇"乐无穷，以收到出奇制胜的效果。例如中秋赏月活动，第一次是吃月饼、说月饼；第二次可以改成篝火晚会；第三次可以到公园去赏月、吟诵与月有关的诗歌；第四次可以改成模拟登月演讲比赛。活动要让学生感到有新意，如果年年搞吃月饼活动就缺少新意，也就失去了对学生的吸引力。总之，活动能唤起学生的主动思考，给学生插上想象的翅膀，再辅以各科教师的指导、点拨，学生的创新意识才会不断增强，创新成果才会层出不穷。

（2）引导学生自主开发，创办创新活动

学生的创造性活动归根到底是他们自己创造的，主要以培养他们的创造力为目的。班主任要引导学生自己出主意、想办法开展活动，放手让他们自己策划和组织活动，班主任绝不可包办代替，只需做好辅导、服务。

3. 科学评价，激励创新

班主任要重视对班级活动的评价，对创新活动应给予恰当的评价，以此激励、引导学生创新。应针对学生的活动效果做出客观的、恰如其分的评价，促使学生在创新中不断调整活动的内容和方式，逐步提高创新的程度。只要能帮助学生自主发展，呈现符合学生年龄特征的创造行为和成果，这样的活动就是成功的。在让学生尝到成功的喜悦的同时，也要让他们看到与优秀创新案例的差距，从而进一步明确创新的方法，提高创新素质。

思政教育者只有不断创新班级活动的题材，适时抓住教育契机，才能更好地调动学生的积极性，发挥他们的主动性，让丰富多彩的班级活动顺利开展起来。

体验起着将主体的已有经验与新知衔接、贯通，并帮助主体完成认识升华的作用。它是认识主体与认识客体之间的通道，使主体可以深刻地理解事物，体会到他人的情感，实现移情和观念的转换①。活动作为个体道德体验所依存的外在条件，可以为个体创设一定的道德情境，使个体在活动过程中得到训练，逐渐形成一种内在的素质。活动是有效进行道德体验的一个支点。立德树人背景下的思政教育活动要以学生为主体，一切活动的设计都要从学生的主体需要出发，让学生在活动中追寻体验。

　　立德树人下的体验性道德活动与传统道德活动相比，强调两个转型：一是道德活动从封闭型向开放型转变。开放的实践活动可以磨炼学生的意志。比如军训活动，虽然时间是有限的，但是对学生的影响是很大的。高职院校开展军训改变了高职学生的生活空间。在军训期间，学生要像军人一样生活，学习艰苦朴素的作风和吃苦耐劳的精神，这种思政教育效果是靠单纯的理论灌输无法达到的。二是由思政教育灌输向道德体验转变。一味填鸭式地灌输道德会使学生缺乏对社会道德的理解、分析，不能使道德知识内化于心。学生光是依靠教师在课堂上讲的一些道德知识无法适应社会生活，当他看到社会上有些现象跟教师在课堂上讲的内容不相符时，就会对学校所传授的知识持怀疑的态度，甚至产生敌对的情绪。所以在立德树人这个大环境下我们要注重学生的道德体验，让他们更多地了解社会，多组织一些社会实践活动，让学生在活动中获得更多的社会实践知识。社会实践活动的开展为学生提供了在开放的情境中亲身体验的机会，搭建了提高学生动手能力的平台。学生自身的成长规律和思政教育工作的内在逻辑告诉我们，学生的成长需要广泛的社会实践，我们应利用社会实践这一有效途径促进学生良好思想品德的形成，充分发挥思政教育工作在激发情感体验、增强实践自觉性方面的重要作用。

　　实践活动要求思政教育在教育的内容和形式上贴近学生的生

---

① 王如才. 主体体验：创新教育的德育原理［M］. 济南：山东教育出版社，2004：83.

活，反映学生的需要，让他们用自己的眼睛观察社会，用自己的心灵感受社会，用自己的方式研究社会。实践活动强调的是主体的亲身体验和自我领悟。体验式实践活动是个体"内部知觉"基础上的一种特殊的活动，是学生的一种自主活动，即自主选择、自主判断、自主内化的活动。这种体验的积聚，生成为一种自我意识，进而内化为一种主体的自我约束、自我教育和自我发展的能力。体验式实践活动成功的另一大亮点就是注重情境的创设，这启发我们应积极创设和利用思政教育情境，潜移默化地影响学生，达到"润物细无声"的思政教育境界。

作为实践活动的班级活动更离不开创新。创新，是一个民族的灵魂，是21世纪教育的主旋律。班级活动不能照猫画虎，不能老生常谈，如果缺乏一定的创意和特色，那就失去了吸引力、影响力、生命力和说服力，要保持班级活动的高度吸引力，获得最佳效果，必须要有创造性。我们必须在原来的工作思路、方法上进行大胆改革，依据创新思维方式来确定主题。班级是学生学习活动的中心，也是培养学生创新精神的主阵地。与学生接触最多、工作在教育最前沿的班主任，应当在组织、开展班级活动中努力激发学生的创新意识，培养学生的创新精神。班主任应根据班级活动的特点，为学生提供创新的氛围、契机和一定的空间，鼓励和引导学生在各项班级活动中思索、探求、创造，从而培养学生的创新精神和实践能力。

在班级活动中，班主任要鼓励学生求异创新、大胆尝试；引导学生设身处地地想、说、读、做，从而经历一个感悟事理、发展思维和提高实践能力的过程；引导学生学会自己发现问题、解决问题，锻炼提高自身的能力。诺贝尔奖获得者朱棣文曾说：要想在科学上取得成功，最主要的一点就是学会和别人不同的思维方式。用别人忽略的思维方式来思考问题，也就是说要有一定的创造性。这充分说明了创造性思维在实践活动中的重要性。因此，我们在班级活动中，决不能忽视对学生创造性思维的培养。

四、融媒体下的实践教学是思政教育创新的别样形式

融媒体作为一种新的技术手段，自带"新潮"标签，与思政课实践教学巧妙结合，在"包装"上就让人眼前一亮。这种"包装"是留给学生的第一印象，是提高思政课亲和力的有力手段，是师生之间良好沟通的基础；同时，也会让大学生认为自己喜爱的事物得到了认同，认为我们的思政课教师"很亲切""很年轻"。

例如，思政课教师在实践教学中与学生分享网络上的视频，在视频平台上与学生互加好友，讨论和分享与课程相关的视频资料等，有利于改变学生以往对思政课的刻板印象，从而拉近师生距离。

目前，思政课实践教学使用的载体主要有语言载体、活动载体、文化载体及传媒载体，主要的形式是课堂展示、外出参观学习等。2021年疫情防控期间，虽然广大教师都能在足不出户的情况下完成教学任务，但是实践教学开展的难度却加大了，尤其是外出参观。因此，我们应该思考如何挖掘现有载体中新的、有特色的元素，重新组合运用，继而打破现有实践教学的限制，丰富实践教学的形式。微博、微信公众号、抖音及虚拟仿真技术等的运用，为思政课实践教学创造了无限延伸的虚拟时空，这个时空呈现无限魅力。一方面，通过网络延伸教学，教师更容易获取"新鲜出炉"的教学资源，掌握学生的思想状况和理论需求；另一方面，教师可以利用虚拟仿真等技术，建设思政课虚拟仿真实践教学项目，实现校外实践教学场所的空间转换，推动线上实践教学与线下实践教学的有效整合。例如，2021年清明节恰处在疫情期间，某校与扬州烈士陵园联合主办的清明"云祭扫"实践及征文活动，利用技术手段，组织学生在微信小程序中通过答题闯关、向烈士献花等形式，追思革命先烈。

"只有赢得互联网，才能赢得青年；只有过好网络关，才能过好时代关。"当今时代，以互联网为基础的信息技术早已突破

了课堂、学校和知识的传统边界，将思政课实践教学传统优势与信息技术高度融合，把"面对面"与"键对键"结合，是增强大学生获得感的重要手段，思政课教师在其中充当了"耦合剂"的重要角色。没有思政课教师正确、巧妙的运用，新媒体新技术就无法发挥作用，这无疑是对思政课教师"手艺"和实践教学"工艺"的考验，其中既包含了对教师专业素养的要求，又包含了对教师使用新媒体技能的要求，需要思政课教师勇于进行自我革新。

强化政治引领，筑牢新媒体阵地。思政课实践教学虽然在教学场所、形态和元素等方面与理论课有差异，但政治性依然是其首要属性和灵魂，价值引领是其首要功能。尤其是在信息传播碎片化、信息质量参差不齐的今天，新媒体难免会为社会上的一些错误思潮、西方意识形态的渗透提供传播便利。例如，一些西方媒体无视客观事实，利用中国疫情大做文章，落井下石，这对处在"拔节孕穗"期的学生形成冲击，也给社会主义核心价值观培育和践行带来严峻挑战。因此，思政课教师应扮演好"指路人"的角色，必须牢牢占领新媒体阵地，开通账号主动介入，在引导学生利用新媒体平台获取学习资源的同时，及时关注其思想动态，回应和解答学生对于社会热点事件的疑惑，加强对互联网上多元价值取向的正确评析和引导，用社会主义核心价值观引领和规范高职学生在新媒体平台的活动。

就地取材，老菜新做。思政课实践教学"配方"的新，在于教学素材多样、鲜活生动、与时俱进。思政课教师应根据高职学生的喜好与特点，因势利导，利用融媒体全媒介、一体化、互融性的独特优势，为学生提供"一站式"资源，让学生通过思政课，在教师引导下获得新媒体平台上与教学相关的主流、权威信息。

比如，在抖音等学生喜爱的新媒体平台挖掘实践教学资源，引导学生关注主流部门和媒体的账号，利用平台自有的个性化推荐功能，充分掌握教学主导权。教师应引导学生关注自己平常不感兴趣但对自身发展有利的信息；鼓励学生使用"学习强国"App，拓宽视野，巩固实践教学效果。此外，教师可以鼓励学生根据教学内容自选实践主题，自行安排或由教师统一带队前往校外学习基地，采用当下流行的"vlog"或微电影的形式呈现实践教学过程和成果，并择优推荐作品参赛，进行媒体宣传。这不仅有利于增强学生参与实践的积极性，还有利于促进学生在课后实践中加深对理论的认识。

用暖心的语言包装"高冷"的理论。学生在听"死理论"时，没有温度、没有触感、没有质量，这样的课学生不愿意听。应当看到，"95 后""00 后"大学生在话语表达上有着鲜明特征。因此，在媒体融合时代开展思政课实践教学，教师应该多尝试运用大学生喜闻乐见的话语风格，在不削弱政治性的前提下，用"接地气"的话语包装"高冷"的理论性话语。复旦大学的陈果老师，教学话语温暖，深受学生喜爱。可刚可柔的外交部发言人，言语霸气且幽默。还有和蔼可亲的习近平总书记，他曾在新年贺词中使用了"点赞""朋友圈"等网络流行语，收获了网友"接地气""萌萌哒"的评价。可见，这种话语方式的转变，与中央精神和政务活动报道的亲民化传播方式、与习近平新时代中国特色社会主义思想传播方式是一致的。

打造"教学共同体"，开展远程直播式实践教学。利用远程直播技术，高职院校不仅可以与本地区的红色教育基地合作开展思政课远程实践教学，还可以跨区域，与全国各地的基地进行合作，共享教学资源，打造"教学共同体"。例如，笔者所在学校"概论"课实践教学中，教师远程连线几百公里以外的韶山毛泽东故居的讲解员，为学生直播并介绍毛泽东儿时住过的地方、打补丁的衣服等，可谓新鲜感十足，抬头率"暴增"。

借助虚拟现实技术，开展体验式实践教学。学生可根据实践任务，在虚拟目标空间中进行参观访问，可以是现有共享的网络资源，如"伟大历程　辉煌成就——庆祝中华人民共和国成立70周年大型成就展"网上展馆等，足不出户就能完成参观；也可以邀请专业公司定制思政课实践教学的专用 VR 资源，建设实践教学资源库。例如在"思想道德修养与法律基础"课第一章第二节"正确的人生观"的实践教学中，有教师组织学生利用 VR 资源体验"习近平知青岁月"，真实感受习近平同志青年时代的勤奋刻苦精神和爱民亲民的情怀，引导学生树立正确的三观，实现有价值的人生。

五、课程教学中立德树人的思政教育渗透

学生思想品德的形成是以学科知识为基础的，是知、情、意、行的统一发展过程。其中"知"是指对思想、道德的认识，是一个学习掌握基本道德概念和原理的过程。课堂教学是完成智能的主要途径，当然也是对学生进行思政教育的主要途径。因此，在课程教学中加强思政教育工作，最主要的还是通过课堂教学这一环节去完成。

在立德树人这个大背景下建立以课程思政为主渠道的思政教育体系要求教师博学多能，具备发散性思维，能自觉地、经常地把思政教育寓于教学之中，并且根据每门课程各自的特点，设计不同的思政教育渗透内容与方式。在思政教育渗透的过程中，有学者（张云贵）指出，我们要着重培养学生的爱国主义精神、实事求是的科学精神、理性思维素质和人文素质[①]。注意这几方面的培养可以更有效地完成思政教育的目标和立德树人的任务，因为思政教育渗透关系到培养什么人的问题。在思政教育和课程教育理念的指导下，我们要发挥教师在教学中的主体作用，充分挖掘各学科思政教育的内涵，创新学科渗透思政教育的方法，尽可能地将思政教育融入各学科的教育。

---

① 张云贵. 德育渗透浅论 [J]. 教育探索，2000 (6)：66.

在立德树人背景下，要把思政教育渗透于课程教学之中，就要根据课程实际，深入挖掘教材中的思想教育元素，把知识教学与思想教育有机地结合起来。历史课主要通过对历史人物、历史事件的讲述和分析进行思政教育，如讲戚继光、郑成功、林则徐等民族英雄，讲詹天佑、冯如等爱国知识分子，讲中国人民反抗帝国主义侵略的史实等，提高学生对爱国主义的认识，激起其振兴中华的志气和热诚。地理课主要通过对地理材料、数据的阐述分析来进行思政教育，讲工农业，用中华人民共和国成立后的成就与中华人民共和国成立前做对比，用这些无可辩驳的事实教育学生更加热爱我们的社会主义祖国，具有很强的说服力。语文课的思政教育多为潜隐型，富于形象性和感染力，注重以文入情，以言感人，以情动人，潜移默化。如讲授《雨中登泰山》《黄山游记》《长江三日》《难老泉》等课文，在引导学生学习和欣赏作者传神描写、优美语言的过程中，也潜移默化地激发了学生对祖国河山的热爱之情；讲授《指南录后序》《梅花岭记》等课文，引导学生通过对文天祥、史可法英雄气概之体会，使学生受到坚贞不渝精神的强烈感染。人文学科蕴含了丰富的思政教育资源，科学学科亦如此。在数学课上讲授无理数时，教师可先介绍无理数的发现者希帕索斯：他的发现动摇了毕达哥拉斯学派数学王国的基础，后来他因坚持这一真理被抛入大海。希帕索斯虽然壮烈牺牲，但无理数的发现为整个数学的发展开辟了一条广阔的光明大道。数学家这种追求真理、实事求是的科学态度，不畏艰难、不畏权贵的精神气魄，可感染学生，增强学生顽强拼搏的勇气。

大量社会生活现象，以及在实践中遇到的各种问题要靠学生自己去观察、分析和解决。所以，在教学中必须加强学生在学习方法和思维方法上的培养，帮助学生学会在陌生的领域获取知识，不断完善自己的知识结构。思政教育恪守"如何获得观念"远比"获得什么观念"更为重要的信条，反对向学生传递某种本身就模糊不清的价值观念，提倡通过一系列价值澄清策略的学习，让学生学会在冲突中澄清自己头脑中的价值混乱，发展自我批评、自我指导的能力，以适应多元化的社会。以往的教学中，学生往往依靠教师的讲解去思考，依照书上的设计去实验，容易产生懒于提出新问题、新设想的依赖心理，从而使课堂教学变得机械、沉闷，缺乏生气和乐趣，缺乏对智慧的挑战和对好奇的刺激，使学生的生命力在课堂中得不到充分发挥。学生的一部分天性受到压抑，学生作为"人"的价值得不到充分发挥。

　　教师在教学过程中还要注意价值观的渗透，强调人的价值，追求真善美。有位教师为了培养学生欣赏美的能力，要求学生上网去找自己心目中最美丽的人物画像。结果马上有一位学生插话说："我认为维纳斯最美。"另一位学生抢着说："我比维纳斯更美。"这一回答引起哄堂大笑，正常的课堂秩序给搅乱了。面对这种情况，教师不动声色，仍然用平静的声调说："这两位学生能积极主动参与课堂教学活动，积极思考，非常好，我们要鼓励这样的插嘴。"学生们马上安静下来，学生的注意力很快被引导到教师这边来。接着教师把话题一转说："××同学，你为什么比维纳斯更美？"该学生回答："因为我是有生命的。"教师为该学生的回答叫好说："是的，生命是宝贵的，对于每一个人来说都只有一次，人人都应当珍惜自己的生命，使短暂的生命发出更多的光和热，让生活更加绚丽多彩。"接着教师不失时机地加以引导，要求学生回答如何珍惜自己的生命和他人的生命。这时，学生们的思维非常活跃。有的学生说："珍惜自己的生命，就是要遵守交通规则，不闯红灯，不在马路上乱窜。"有的学生说："珍惜自己的生命，就是要远离毒品。"有的学生说："珍惜别人的生命，学生间不该打架斗殴。"对学生们的回答教师都一一加以肯定。这节课无疑是非常成功的。我们的课堂教学一定要创设一种使学生敢想、敢做、敢说、敢争的环境，充分发挥学生的潜能，培养学生的创新精神。

　　立德树人背景下的思政教育是需要在交往和互动中进行的，是需要在对话和讨论中展开的。我们在日常的课堂教学中要容忍学生的异想天开，让他们的思想冲破牢笼；尊重学生独立思考的权利，让他们勇于质疑、追问和探索；提倡学生"心口如一"，让他们能够无拘无束地倾泻思想感情的潮水。只有这样，道德教育才可能真正成为精神生命的相互碰撞，才可能生发出更多鲜活的道德个性，他们的道德认识才能得以澄清。教育是人的灵魂的教育，教育的本质意味着：一棵树摇动另一棵树，一朵云追逐另一朵云，一个灵魂唤醒另一个灵魂。灵魂与灵魂的相融是人的价值观与行为模式的重新建构。

第四节　社区教育是思政教育的基础环境

　　近年来，随着社会组织形态的逐渐变化，社区的作用越来越大，社区日益显示出强大的社会组织功能，社区发展成为社会发展的重要内容。社区教育资源尤其是丰富的思政教育资源已经成为学校教育的强大储备力量，其强劲的教育功能已被越来越多的教育部门和广大教育工作者认可。我国一些发达地区如上海、北京等地都对社区思政教育进行了积极探索和实践。大力加强社区思政教育资源的优化配置与整合利用，是当今教育部门切实提高思政教育实效的重要形式和途径。立德树人背景下的思政教育要与学生的生活世界相结合，社区正是生活上相互关联的集体，社区思政教育正好适应立德树人的需要。

一、社区的生活性

　　社会学将社区定义为：生活在同一地理区域内，有着许多共同特征的人类生活的共同体。社区是一个社会学的范畴，是一个微缩的社会。社区是地域性社会，是处在一定地理位置，一定的资源条件、气候条件、生态环境中的社会。社区是人们共同生活的基础，但生活在社区中的人在思想观念、生活方式、行为方式等方面拥有不同的特点。我国老一代著名社会学家吴文藻先生指出，社会是描写集合生活的抽象概念，是一切复杂的社会关系全部体现之总称。而社区乃是一地人民实际生活的具体表词，它有物质的基础，是可以观察到的。社区是社会的缩影，在一定程度上能够反映真实的生活世界。生活思政教育论提出思政教育要与生活相结合，社区思政教育正好符合这一理论的要求，我们的高职院校应该充分利用社区这一宝贵的思政教育资源。

高职院校应把社区作为道德教育的主要空间和重要因素，使思政教育立足于活生生的人的生活现实来思考人与价值的关系，力戒只重道德灌输、轻视品行养成和道德实践、远离社会现实生活的弊端，从而增强思政教育的实效。生活世界直接影响着学生的思想观念，作为其中生活缩影的社区也起着同样的作用。将思政教育与社区相结合就是把生活思政教育论运用到高职院校思政教育过程中。杜威曾说过："教育即生活。"社区思政教育改变了传统思政教育与生活世界相分离的状况，使思政教育真正地渗透到学生的日常生活中，更能有效地实现思政教育的目标。有学者（厉以贤）指出，如果学校不与社会、社区联系，不结合、互动，只是在课堂教学中，只是封闭在学校的围墙内进行素质教育，是不可能真正形成学生素质的[①]。因为学生素质的形成需要教育与社会、社区沟通、互动，需要教育与社会实践相结合，需要学校、家庭、社区形成合力，共同育人。学生是生活在社会中的，不可能与社区生活相脱离，那种"真空"教育是不存在的，教育要关注学生的生活，就必须与社区相结合。

二、高职院校是社区的一部分：高职院校教育的社区性质和特点

高职院校处在社区之中，社区包含高职院校，师生是社区的

---

① 厉以贤. 社区教育原理 [M]. 成都：四川教育出版社，2003：147.

成员，高职院校是社区的一个组成部分。高职院校思政教育的外部环境是其所在的社区。社区环境与学校思政教育系统间的互动又将整个社会宏观系统的时代变迁反馈给社区环境及学校思政教育自身①。高职院校与社区是密不可分的，所以高职院校的教育也离不开社区。社区环境与高职院校思政教育之间存在密切的关系，二者相互促进。社区与高职院校在互动中共同发展，高职院校可以利用社区的资源，社区也可以共享高职院校的资源。

　　社区对于高职院校思政教育来说是一笔宝贵的资源。孟庆东、邢建辉在《论社区对大学德育的环境作用》一文中认为社区物质文化建设为高职院校思政教育提供有利条件，如名人故居、纪念馆、文化和历史遗址、科学馆、图书馆、文化宫、公园、影剧院、体育场馆等。社区物质文化条件决定着社区成员文化娱乐活动、体育健身活动和休闲活动的质量与水平。这些物质文化条件能够为社区内高职院校的多种校外思政教育活动提供必要的支持。社区精神文化氛围是高职院校思政教育校外活动的必要保证。社区精神文化主要包括社区居民的信仰、价值观念、行为规范、精神和历史遗存（包括历史人物和事迹、历史事件、历史文化）、社会习俗等。积极向上的精神文化氛围是高职院校思政教育校外活动最可利用的教育资源。比如学生的社区志愿者服务活动、社区社会实践活动、社区环境保护活动等，都是校外思政教育的活动内容。社区的人力资源是高职院校思政教育师资的必要补充②。所以作为社区重要组成部分的高职院校要充分利用社区这一资源，在开展思政教育活动时要与社区密切合作。开发社区思政教育资源，有学者（刘守旗）研究了其途径，提出了几点意见，如调动一切积极因素，充分发掘社区内的人力资源，

　　① 鲁洁. 德育社会学 [M]. 福州：福建教育出版社，1998：91.
　　② 孟庆东，邢建辉. 论社区对大学德育的环境作用 [J]. 河北职业技术师范学院学报（社会科学版），2003（4）：9-12.

充分发挥社区内模范人物的榜样激励作用，帮助家长提高家庭教育水平，形成并强化社区文化意识，开发和利用社区文化中的积极因素，因地制宜地搞好社区环境的教育设计①。

　　社区是一个开放的社会，处于社区之中的高职院校也要有开放的视野。班华教授认为，开放的思政教育，就是要面向社会、面向生活。开放，主要是思想的开放，也就是让学生冲破狭小的思想空间，在开放的社会实践中吸纳新的时代精神，锻炼思想批判力、道德选择力和创新力。开放的思政教育是生活的思政教育，思政教育应当以生活为基础，从生活出发，在生活中实施，又引领生活，帮助人们过上更美好的生活②。高职院校与社区的互动，为学生走向社会、走向生活提供了实践的平台，有利于学生在开放的环境中提高自身的综合素质。社区之中的高职院校思政教育在诸多方面都要贯彻开放的原则，比如在思政教育过程、管理体系、评价体系等方面都应该改变以往的观念，用开放的视野去教育、管理、评价学生，这也是立德树人的最终目的。

三、高职院校思政教育的社区意识

　　高职院校思政教育必须改革以适应立德树人的需要。高职院校总是处于一定的社区之中，高职院校要改革就必须和社区协调。现实中，高职院校稍有改革举措，社区领导和家长就闻风阻拦的情况时有发生，社区领导怕影响了政绩，家长怕影响了孩子升学。社区教育发展了，社区内的领导、团体、家长认识能力、判断力及对新鲜事物的内化能力都会得到提高，传统价值取向会有所改变，对教育改革的态度也会不同。通过社区教育，加强社

---

　　① 刘守旗. 社区德育资源的价值及其开发［J］. 辽宁师范大学学报（社会科学版），1994（3）：9-11.

　　② 班华. 德育理念与德育改革：新世纪德育人性化走向［J］. 南京师范大学学报（社会科学版），2002（4）：73-80.

区与高职院校的交流，能够加深社区对教育的理解，从而形成有利于高职院校改革的外部环境，高职院校教育改革也就容易获得成功。顺应立德树人改革的需要，我们的思政教育改革要有社区教育意识。

社区思政教育对高职院校的教育改革起着非常大的作用。首先，社区公益广告、法制宣传、文明公约乃至环境卫生、建筑风格、民风民俗、历史文化遗迹等都可能对人施加特定的思政教育影响，这种影响较之高职院校思政教育来说更为简明直观。我们要好好利用这份资源。其次，人在社区中生活，受到社区环境的制约和社区文化传统、风俗习惯的熏陶。古人讲"近朱者赤，近墨者黑""蓬生麻中，不扶而直；白沙在涅，与之俱黑""百里不同风，千里不同俗"，这些都生动地说明了社区环境对人的品德、性情的熏陶作用。因此，社区思政教育要营造和谐团结、积极向上的社区环境，让生活其间的青少年得到潜移默化的影响。

在社区这个大环境下，社区思政教育要确立与传统思政教育观截然不同的新的思政教育观。有学者（王国强）提出社区思政教育是一种主体思政教育，思政教育的内容要更新，要提倡互助合作精神，思政教育的工作形式要多样化①。社区思政教育要关注学生的生活世界，那就必须以学生为主体，而不是仅仅进行传统的思政教育灌输。社区思政教育要提倡团结合作精神，让其中的成员更加热爱社区。社区思政教育的形式是多种多样的，要改变过去只在学校里开展思政教育的方式，社区思政教育要将学校与社区融为一体，思政教育活动可以在社区中开展。高职院校与社区的互动，构筑起高职院校道德教育通向社会生活的桥梁，打破了思政教育与生活的壁垒，从根本上克服了传统思政教育中

---

① 王国强．全国教育科学"十五"规划课题"社区德育理论与实践研究"子课题"社区德育资源的优化配置与整合利用研究"研究总报告．基础教育改革课程网，http：//www．cnhubei．com/200608/ca1127198．htm．

对生活世界的隔离；高职院校与社区的互动，拓宽了思政教育的渠道，突破了道德教育的时空局限，延伸了思政教育的过程，克服了思政教育的单向性、途径的封闭性及手段的灌输性等弊端①。

美国教育家 A. 威尔森曾指出：个人的道德在家庭、学校和社会中形成。这三种场所为个人提供了道德学习所需的整合性背景并互相支持，就像凳子的三条腿一样。现代社会令道德教育难以施行的社会现象之一，就是道德学习的上述三种场所之间丧失了道德共识②。学校思政教育、家庭思政教育、社区思政教育构成思政教育的三大支柱，缺一不可。三者相互渗透，彼此依赖，你中有我，我中有你；既相对独立，又有机统一，既相互制约，又互为促进，以其目标上的一致性、内容上的相似性、途径和方法上的互补性构成一个思政教育运行系统。

构建社区思政教育网络，实施思政教育社区化。如广东轻工职业技术学院探索出以"一站式"学生社区建设为核心的"泛在协同"社区化育人体系，形成全方位思政实践育人格局，打通思政教育的"最后一公里"。该校成立学生社区管理委员会、学生社区执行委员会、学生社区管委会办公室、学生社区自律委员会四级管理教育机构。各机构具体落实社区的各项工作，统筹协调各职能部门进驻学生社区，将教育和管理力量真正下沉到学生社区一线。在学校党委领导下，各部门协作，勠力同心凝聚育人合力。由学工部牵头，联合组织部、宣传部、后勤部、保卫部、校团委、心理健康咨询中心、创业学院等部门和各二级学院，共同推进社区思政工作，形成分级管理、权责统一、落实有效的学

---

① 施蕾芬. 论学校与社区德育互动的价值 [J]. 黑龙江高教研究，2005（5）：45-46.

② A. 威尔森. 美国道德教育危机的教训 [J]. 湘学，译. 国外社会科学，2000（2）：50-56.

生社区教育管理机制。在学校党委的科学规划和缜密部署下，该校社区思政工作站在新的起点上，开辟社区育人新道路。

四、合理开发和利用社区、企业资源，探索三位一体的德育模式

在企业通力支持下，高职院校应整合社区资源，进一步优化服务模式，探索开展"社会工作者+义工+企业"相结合的工作模式，联合社会、高职院校、企业力量丰富活动资源，帮助学生解决成长过程中遇到的困难和问题，构建开放式德育网络。在实际工作中，高职院校本着"请进来，送出去"的原则，开展了一系列活动。

1. 培养建设一支社区德育工作队伍，把人"请进来"

为了更好地利用社区和企业资源，笔者所在高职院校聘请了一批企业精英、德育模范、老专家等担任校外辅导员，定期来校与学生面对面交流与沟通。笔者所在高职院校开展了"技术精英进校园"活动，邀请行业企业的专业技术人员、管理人员、业务精英等为师生开设专题讲座、举行分享会；建立企业与学生面对面的交流平台，帮助学生树立正确的行业、企业认知态度。参与活动的学生表示获益良多，通过企业人员的现场分享，学习到了很多课本中没有的内容。尤其是企业人员分享的一些真实案例，大大加深了学生对行业企业的认知，使学生日益重视职业生涯规划，受到职业道德和职业素养的教育。同时笔者所在高职院校聘请"扬州好人"担任校义工社指导老师，通过让学生了解其事迹，看到其行为，对学生进行潜移默化的生命教育，从而影响了一批学生。笔者所在高职院校还邀请收藏协会专家进行雷锋事迹讲座及藏品展示，利用社会资源让学生走近雷锋，亲眼看到雷锋生前用品，亲手摸到与雷锋相关的展品，让学习雷锋精神不再只是一个口号，不再是"3月来，4月走"的一次活动，而是根植于学生内心的一种信仰。

2. 开展丰富多彩的社区德育活动，把人"送出去"

开展丰富多彩的社区德育活动是构建开放性德育网络的有效方法。笔者所在高职院校实施"社会工作者+义工+企业"的工作方案，采取学校主动牵头策划、社区协助操作、寻求企业参与的方式，建立了"以高职院校为主导、社区为基础、企业为依托"的三位一体的德育模式，构建了功能互补的社区德育网络。学校在策划社区德育活动的时候主动与社区沟通，合理利用社区资源。学生通过亲身体验，常常能够很好地将道德认知内化为道德情感和行动。如笔者所在高职院校在重阳节送温暖活动中，组织学生去敬老院陪老人聊天，让学生体验"百善孝为先"；去八里镇特困家庭慰问，让学生体会到要好好珍惜当下的生活；在"爱在感恩周"系列活动中，组织学生去扬子津社区义演，参加邗上社区清扫志愿服务，为环卫工送一杯热饮，扶起倒下的共享单车，等等。学校开展这一系列活动，旨在让学生感知父母的艰辛，学会关爱、包容他人和尊敬长辈，学会和同伴友好相处，学会表达爱、回报爱。

结　语

一、本书写作思路

笔者写作本书的思路：从对古代传统道德教育的认识及研究到对立德树人背景下的新思政教育观的总结，再到对上述观念的细化即思政教育体系创新，最后到可操作性意见的提出。

整本书主要解决立德树人背景下的思政教育问题，提出立德树人对思政教育的新要求。立德树人背景下的思政教育受哪些方面的影响，是第一章论述的主要内容。这些影响分中国自身传统的影响和西方教育思想的影响，所以第一章着重分别从东方和西方的角度来看思政教育。我国传统教育主要在人格、人性和人伦方面对我们今天的思政教育产生重要的影响。西方的理性主义、信仰教育和自由教育对于笔者研究立德树人背景下的思政教育也是可借鉴的宝贵资源。

本书的核心是第二章，即立德树人对高职院校思政教育的要求。自从我国提出立德树人这一教育的根本任务之后，思政教育的地位也随之提升。在立德树人背景下，思政教育在高职院校教育中占有首要位置，起导向作用，但在实际操作时很多高职院校没有将思政教育放在高职院校教育的首要位置。为了改变这种现状，我们首先要更新观念，即提出立德树人背景下的新思政教育观，主体教育观、生活教育观、生命教育观、信仰教育观等观念对高职院校思政教育都有很大的影响。这些观念的提出有利于我们更好地进行高职院校思政教育改革。

怎样解决新时代的思政教育问题是第三章的主要内容。所有的理论都是为了指导最终的实践，书中第一章和第二章的论述都是为了解决第三章的问题，即怎样构建立德树人背景下的高职院校思政教育体系。在理念上要以学科渗透为主；在形式上要以实践活动为主，以社区为主要教育环境。全书结构紧密，层次清晰，论述层层深入。

二、有关概念的界定

1. 关于本书论述的思政教育的概念的界定。狭义的思政教育专指道德教育，即西方教育理论所讲的"moral education"。广义的思政教育除思想、政治、品德方面的教育之外，还包括法治教育、心理教育、性教育、环境教育等。本书所探讨的思政教育主要是指狭义的思政教育。

2. 关于立德树人的内涵的界定。"立德树人"的本意是指自身树立德业，给后代做榜样，培养人才。它强调把"立德"摆在第一位，是因为万事从做人开始，且强调了培养人才是长远之计。"立德树人"是我国历代教育共同遵循的理念，党的十八大报告中也明确要求把立德树人作为教育的中心环节，着力提高教育质量。理解立德树人的"德"，要站在培养担当民族复兴大任的时代新人、社会主义建设者和接班人的战略高度，做到以树人为核心，以立德为根本。

三、结论

21 世纪是充满希望的世纪，也是竞争激烈的世纪，要培养出适应 21 世纪需要的全面发展的人才，立德树人势在必行。培养全面发展的人，首先要培养有道德的人，要教会学生做人。在加强立德树人教育的今天，我们更应该重视学生的道德教育。现代社会是一个开放的、发展的社会，为了适应时代发展的要求，高职院校思政教育改革也要呈现开放性、丰富性的趋势。高职院校思政教育可以通过多种途径来进行，高职院校在日常的教育教学中可以渗透思政教育，也可以开设特定的思政教育课，来达到思政教育的目的；同时，高职院校要与社区相结合，关注学生的日常活动和生活实践。思政教育不要只囿于高职院校围墙之内，要把思政教育活动放在大的社会环境中来开展，形成社会化、生活化的趋势。

四、有待继续研究的问题

由于资料的缺乏，以及笔者理论功底与实践经验的欠缺，本书的理论深度和实践广度有待提高。今后，笔者将多学习、多实践，逐步积累，争取在各方面不断进步。

参考文献

［1］朱小蔓. 道德教育论丛：第1卷［M］. 南京：南京师范大学出版社，2000.

［2］檀传宝. 学校道德教育原理［M］. 北京：教育科学出版社，2000.

［3］甘剑梅. 论儒学教育人文传统的当代意义［J］. 内江师范学院学报，2001（1）：38-43.

［4］袁桂林. 当代西方道德教育理论［M］. 福州：福建教育出版社，1995.

［5］檀传宝. 信仰教育与道德教育［M］. 北京：教育科学出版社，1999.

［6］陈超群. 中国教育哲学史：第1卷［M］. 济南：山东教育出版社，2000.

［7］邢贲思. 哲人之路［M］. 杭州：浙江人民出版社，2002.

［8］杨际贤. 中华百年教育家思想精粹［M］. 北京：中国盲文出版社，1999.

［9］陈建华. 基础教育哲学［M］. 上海：文汇出版社，2003.

［10］朱永新. 当代日本道德教育［M］. 太原：山西教育出版社，1999.

［11］戚万学. 道德教育新视野［M］. 济南：山东教育出版社，2004.

［12］赖志奎，方善森. 现代教育理论与实践［M］. 杭州：杭州大学出版社，1996.

［13］魏贤超. 德育课程论［M］. 哈尔滨：黑龙江教育出版社，2004.

［14］张腾霄. 教育哲学漫谈［M］. 北京：人民教育出版社，1996.

［15］王坤庆. 现代教育哲学［M］. 武汉：华中师范大学出版社，1996.

［16］卓志望，肖龙海. 素质个性化教育探索［M］. 北京：科学出版社，2003.

［17］朱小蔓. 教育的问题与挑战：思想的回应［M］. 南京：南京师范大学出版社，2000.

［18］詹万生. 整体构建德育体系总论［M］. 北京：教育科学出版社，2001.

［19］小原国芳. 小原国芳教育论著选：上下卷［M］. 刘剑乔，等译. 北京：人民教育出版社，1993.

［20］刘智峰. 道德中国：当代中国道德伦理的深重忧思［M］. 北京：中国社会科学出版社，2001.

［21］班华. 现代德育论［M］. 合肥：安徽人民出版社，1996.

［22］燕国材. 教育十论：我对教育问题的一些基本看法［M］. 北京：中国建材工业出版社，1996.

［23］杜时忠. 人文教育论［M］. 南京：江苏教育出版社，1999.

［24］卓晴君，方晓东. 教育与人的发展［M］. 北京：教育科学出版社，1995.

［25］孙培青. 中国教育史［M］. 上海：华东师范大学出版社，2019.

［26］朱瑞芬. 人生智慧海：《论语》今读［M］. 天津：百花文艺出版社，2001.

［27］王道俊，郭文安. 教育学［M］. 北京：人民教育出版社，2016.

［28］王东莉. 德育人文关怀论［M］. 北京：中国社会科学出版社，2005.

［29］李太平. 全球问题与德育［M］. 武汉：华中科技大学出版社，2002.

［30］鲁洁. 德育现代化实践研究［M］. 南京：江苏教育出版社，2003.

［31］周峰. 素质教育：理论·操作·经验［M］. 广州：广东人民出版社，1998.

［32］钟启泉，金正杨，吴国平. 解读中国教育［M］. 北京：教育科学出版社，2000.

［33］王正平. 中国传统道德论探微［M］. 上海：上海三联书店，2004.

［34］唐汉卫，张茂聪. 中外道德教育经典案例评析［M］. 济南：山东人民出版社，2005.

［35］鲁洁，王逢贤. 德育新论［M］. 南京：江苏教育出版社，1994.

［36］薛晓阳. 希望德育论［M］. 北京：人民教育出版社，2003.

［37］刘惊铎. 道德体验论［M］. 北京：人民教育出版社，2003.

［38］孙彩平. 道德教育的伦理谱系［M］. 北京：人民出版社，2005.

［39］陶志琼. 新旧之间：教育哲学的嬗变［M］. 重庆：重庆出版社，2003.

［40］程凯. 当代中国教育思想史［M］. 开封：河南大学出版社，1999.

［41］冀衡. 决定一生命运的心态［M］. 北京：中国商业出版社，2004.

［42］檀传宝. 美善相谐的教育［M］. 哈尔滨：黑龙江教育出版社，2003.

［43］袁锐锷. 外国教育史新编［M］. 广州：广东高等教育出版社，2002.

［44］冯增俊. 当代西方学校道德教育［M］. 广州：广东教育出版社，1993.

［45］厉以贤. 社区教育原理［M］. 成都：四川教育出版社，2003.

［46］郑湘晋. 学科教学：德育渗透的载体［J］. 教育理论与实践，1998（6）：26-29.

［47］钟启泉.“个性差异”与素质教育［J］. 教育理论与实践，1997（4）：8-12.

［48］邓志伟. 论素质教育的基本理念［J］. 教育理论与实践，1997（5）：26-30.

［49］燕国材. 论21世纪教育的基本走向［J］. 上海师范大学学报（哲学社会科学版），1997（3）：9-15.

［50］李季. 道德整合：现代德育的素质教育取向［J］. 教育研究，1999（4）：41-46.

［51］崔相录. 素质教育的历史考察［J］. 湖南教育，1998（4）：6-9.

［52］许峰. 对素质教育和德育关系的几点认识［J］. 教育导刊，2001（Z1）：34-37.

［53］余春燕. 百年树人　道德为本：在素质教育中以道德教育为先导的实践与思考［J］. 福建医科大学学报（社会科学版），2001（2）：50-51.

［54］薛晓阳. 德育文本：问题与品质的追问［J］. 华东师范大学学报（教育科学版），2002（3）：45-52，83.

［55］沈壮海. 思想政治教育的有效主体论［J］. 上海交通大学学报（社会科学版），2000（4）：48-53.

［56］张佩云. 社会转型期的价值冲突及其价值观教育的战略选择［J］. 求实，2003（S2）：201-202.

［57］何中华. 先进文化与民族精神［J］. 当代世界社会主义问题，2003（1）：17-18.

［58］李斌雄. 我国社会主义核心价值体系教育的内容结构［J］. 思想理论教育，2007（1）：27-32.

［59］陈勇，陈蕾，陈旻. 立德树人：当代大学生思想政治教育的根本任务［J］. 思想理论教育导刊，2013（4）：9-14.

［60］肖映胜，张耀灿. 改革开放以来高校思想政治教育发展探微［J］. 思想理论教育，2010（15）：4-9.

［61］武铁传. 全球化背景下大学生思想政治教育创新对策探究［J］. 学校党建与思想教育，2009（11）：49-50.

［62］宁玉民. 思想政治教育方法和途径的创新［J］. 学校党建和思想教育，2001（5）：29-31.

［63］许益锋，刘新秀. 基于立德树人的大学校园文化建设与社会主义核心价值观融合机制研究［J］. 高教探索，2017（9）：125-128.

［64］中国教育科学研究院课程教学研究所课题组. 深化课程改革是落实立德树人根本任务的必由之路［J］. 中国教育学刊，2017（7）：1-6.

［65］戴锐，曹红玲. "立德树人"的理论内涵与实践方略［J］. 思想教育研究，2017（6）：9-13.

［66］侯锡铭. 立德树人视野下的大学生社会责任感［J］. 中国青年社会科学，2017（2）：99-103.

［67］房广顺，李鸿凯. 推进以立德树人为中心的思想政治教育融合发展：学习习近平总书记在全国高校思想政治工作会议上的重要讲话［J］. 思想教育研究，2017（2）：12-16.

［68］黄蓉生，崔健. 坚持把立德树人作为中心环节［J］. 国家教育行政学院学报，2017（1）：9-14.

［69］韩丽颖. 立德树人：生成逻辑·精神实质·实践进路［J］. 东北师范大学学报（哲学社会科学版），2016（6）：201-208.